穿越中國五千年 ⑥

隋唐
五代

歪歪兔童書館 著繪

中華教育

前言
讓歷史更鮮活、更可愛一些

張永江

本書審訂人

（國家清史編纂委員會專家，中國人民大學歷史學院教授、博導）

　　作為一個大半生從事歷史研究、歷史教育的專業人員，數十年來，有兩大問題始終縈繞在我心懷：許多人為之竭盡心力的史學有何價值？怎樣才能把紛繁複雜的歷史知識有效傳達給社會公眾，並成為大眾知識的一部分？這也可以說是歷史學者的「終極之問」吧。

　　所謂歷史，就是已經逝去的過往一切。沒有文字之前，人類記憶的保存和傳遞基本上只能依靠口耳相傳。那時，構成歷史的記憶，多半是家族、部落的先輩的經歷、經驗和教訓。有了文字，就有了儲存、傳承歷史記憶的「利器」。歷史記憶，對於家族、部落乃至民族和國家都極為重要，是凝聚認同感的主要依託。對於個人，歷史也同樣重要，往往表現為潛意識下的集體認同情感和外在的生命智慧，滋養豐富着個體的精神世界。毫不誇張地說，古往今來，凡是卓然超羣的偉大民族和深謀遠慮的傑出人物，無一不吸收並受益於豐厚的歷史經驗的滋養。

　　在古典時代，華夏中國數千年的文明綿續不斷，累積了獨一無二的

豐厚的歷史記錄，皇皇巨著「二十四史」就是中國作為史學大國的明證。我們不光擁有三千年連續不斷的歷史記載，擁有浩如煙海的史學著述，還形成了堪稱發達的史學文化。「以史為鑒」、「秉筆直書」等等，都是中華民族史學之樹長青的精神養料。當然，中國史學發展到近代，也存在着一個重大缺陷，就是百多年前梁啟超指出的傳統史學缺乏「國民性」，都是以帝王將相為中心的歷史。為此，他呼籲「史學革命」，為創建「新史學」不遺餘力。實際上，舊史學除了記錄內容有「帝王中心」的問題外，還存在「形式」過於「莊嚴」，脫離廣大民眾、高高在上的問題。

近代以來，隨着近代化浪潮的影響，中國的文化轉型為各領域帶來了變化。史學也開始由統治階級主要用於「資治」的「高大上」功能而定位於「廟堂」之上，逐漸放低「姿態」，全面容納社會生活；體裁上以西方史學為藍本的章節體史書，搭配淺顯易懂的白話文敍述，使社會公眾對史學有了更多的親切感。關心史學的人士也由過去狹窄的士大夫精英階層擴大到一般的知識界，並經由中學教科書體系連接到未成年人世界。這種改變當然是可貴的，但還遠遠不夠。歷史的普及教育仍然有一個門檻，那就是必須具備了中學以上學歷或識字水平才能進入歷史世界。這看似不算高的門檻，事實上將億萬兒童擋在了歷史殿堂之外。

現在面臨的一個重要的問題是，如何讓靜態的歷史鮮活起來，化繁為簡，讓「莊嚴可敬」的歷史更接地氣，趣味橫生？

前人已經付出了很多努力來探索這種可能性。早在清代，就已出現了通俗性的歷史讀本《綱鑒易知錄》。學富五車的梁啟超、胡適都是通

過這部書來啟蒙史學的。歷代都有人通過小說、戲曲、詩詞等藝術形式表現歷史，影響較大的如《三國演義》、《說唐傳》。近數十年，由專業學者編寫的普及性的歷史讀物覆蓋了歷史上的重大事件、人物傳記，人們創作了大量的連環畫來展現歷史，歷史題材的小說如《少年天子》、《雍正皇帝》，影視中的清宮戲，電視節目中的《百家講壇》等，更是令人目不暇接。但是，藝術表現的歷史，並非都是真實的歷史，歪曲、誇大、臆造、戲說的「歷史」所在多有。新形式不僅沒有幫助兒童獲取正確的歷史知識，兒童讀者反而因為缺乏鑒別能力而有可能被誤導。系統地、準確地、正確地向廣大社會公眾傳達真實的歷史知識，仍有待專業的歷史研究者努力。

史學知識普及的難點在於，難以兼顧通俗性與嚴肅性。通俗性要求讀者喜聞樂見，情節生動有趣。但傳統史學本身關注的內容毫無趣味，研究更需要嚴謹細緻，過程枯燥乏味。於是就出現了兩個極端：專業研究者謹慎嚴格，研究結果只在「圈內人」中傳播；社會公眾中的史學愛好者興趣盎然，對資料卻真偽不辨，良莠不分，傳播的只能是戲說的「歷史」。歷史產品的「出品方」雅俗分離，兩者漸行漸遠，普羅大眾更多接受的是後者。

可喜的是，近年來這種困境有了新的突破，就是專業史學研究者與業餘歷史愛好者雙方在編輯、出版者的撮合下走到一起，分工合作，面向廣大兒童、青少年推出了新型故事。首先試水的是「漫畫體」的歷史故事，以對話方式推進故事，受到學齡前後兒童和家長的喜愛，在市場上大獲成功。新文本雖然形式活潑，但內容也經專家審定，並無虛構。

歪歪兔的這套《穿越中國五千年》，可以看作是「漫畫體」的升級版，面向的是中小學階段的讀者。全書分十冊，涵蓋了從遠古到清代的漫長時期，按階段劃分成卷，完全符合歷史發展順序，可以視作「故事體」的「少年版中國通史」。敍事上，避免了以往歷史讀物常見的簡化版枯燥的「宏大敍事」問題，而是每冊選取三十個左右的歷史故事，通俗形象地展示這一時期的歷史概貌。

　　作為本書的審訂人，我認為這套書有以下特色和優點：

○ **所採擷的歷史故事真實、經典，覆蓋面廣，屬大眾喜聞樂見、耳熟能詳者。**

　　本書由具有深厚史學功底的歷史學者、知名歷史類暢銷書作家合力撰寫，故事根據《左傳》、《戰國策》、《史記》、《漢書》、《資治通鑒》等歷史典籍編寫，參考最新的權威考古研究報告，以適合小讀者的語言進行講述，生動有趣地還原真實的歷史事件，讓歷史更加鮮活。每篇故事中的生僻字都有注音，古代地名標明現今位置，生僻官職名稱、物品名稱也有相關解釋，掃除了閱讀障礙。

○ **編排設計合理，強調對歷史線的梳理，簡要勾勒出一部中國歷史大觀。故事之間彼此呼應，有內在的邏輯關係。**

　　本書精選的二百七十個歷史故事，基本涵蓋了中國歷史發展過程中重要的時間點和歷史大事件。小讀者通過這套書，可以清楚地了解到從

距今約七十萬年的周口店北京人到 1912 年清朝滅亡期間王朝的興衰和歷史發展過程。

💡 **內容豐富，知識欄目多，便於小讀者在學習歷史的同時，豐富文化知識，開拓視野。**

每一篇除故事主體外，還大致包含以下欄目內容：

好玩的副標題，激發小讀者的閱讀興趣。

知識加油站，選取與歷史故事相關聯的知識點，從文化、文學、科學、制度、民俗、經濟、軍事等角度，擴展小讀者的知識面，讓他們了解生活中方方面面的事物都是隨着歷史進程而發展、發明出來的，在增加歷史文化知識的同時，更直觀地理解古人的智慧和歷史的發展規律。

當時的世界，將中國歷史與世界歷史同時期的事件進行對比展示，開闊孩子的視野，培養孩子的全局觀。

💡 **文風活潑生動，圖文並茂，可讀性強。結合中小學生的實際生活，運用比喻、類比、聯想等手法敍事，幫助小讀者真正從歷史中獲得對實際生活的助益。**

時代在進步，文化也在按照自己的邏輯演進。新的世代有幸生活在「全球一體化」的文化交融時代，他們能夠並正在創造出超越前人的新

文化。歷史的海洋足夠廣闊深邃，充分擷取其滋養，豐富個人精神，增進民族智慧，是我們每一個歷史學者的志願！

2021 年 8 月 15 日於京城博望齋

目錄

穿越指南 ▮▮▮▶ 隋唐

在上個時期，我們看到因為胡人文化的融入，我們的生活發生了很多改變。這些改變延續到了隋唐時期，並且達到了巔峯。

穿越到隋唐，你首先會發現穿衣服變得愈發簡單方便了。人們已經不穿之前寬大的交衽長袍，而是改穿圓領袍衫了。這種袍衫不僅穿着方便，而且也不像長袍那麼長，長度僅過膝蓋，側邊還是開衩的。

穿上圓領袍衫，人們不僅走路方便了，騎馬也變得非常方便。走在大街上，你會發現街上幾乎沒有馬車，人們出行都選擇直接騎馬，不光是男子，就連女子出行也選擇騎馬。

除了騎馬，你還會看到一種叫作肩輿（yú，粵音餘）的出行工具開始流行，它是轎子的前身，當時一般由四個人抬。不知道你是否記得東晉時司馬睿出行就喜歡坐肩輿。那時肩輿還是貴族的專用品，到隋唐時期則成了一種貴族和平民普遍使用的出行工具。

隋唐時期的造船技術已經非常高超了，當時開鑿了大運河，連通了水陸交通網絡，你可以看到江面和湖面上大船穿行不息。

長安是當時世界上最繁華的城市，是你一定要去打卡的地方。

到了長安城，你要找一份地圖，因為長安城的建築非常密集，街道縱橫交錯，你很可能走着走着就迷路了。等你熟悉之後，你會發現長安城的佈局還是很合理的，除了皇帝居住的皇宮外，就是市和坊。坊是人們居住的地方，市則是市集，是供商人交易的場所。長安的商業非常發達，你可以在這裏買到當時各國的商品。

在長安城內，見到外國人可以説是非常正常的一件事。你隨時都可以在街上看到牽着駱駝、相貌各異的外國商人，他們來自世界各地，卻往往都能説一口流利的漢語。你還會看到很多乘船來中國學習的日本留學生，他們對當時的中國文化非常推崇。

你在長安還會看到一種當時已經非常流行的飲品 —— 茶。不過，那時的茶並不是沏的，而是煮的，那時還流行在裏面放一些紅棗、薑、薄荷之類的東西一起煮。

除了喝茶，還有一件事也非常流行，那就是寫詩。你要是不會寫詩，可能都不好意思和文人打招呼。當時誰的詩寫得好呢？不用我多説，你肯定能説出一長串詩人的名字吧。他們可以説就是當時人們的「偶像」。你在飯館、茶樓隨處可以聽到人們在談論「偶像」的詩句。

如果你詩寫得好，還可以當官。你有沒有背過白居易的《賦得古原草送別》這首詩？白居易參加科舉時，就是以這首詩為「敲門磚」當上官的。

除了寫詩以外，你要是想當官，比之前也要容易多了。之前你要不是名門望族，是不可能當官的。到了隋唐時期，則多了一個重要的途

徑 —— 科舉。當時的科舉也像我們現在一樣分科考試，科目主要有法典、儒家經典和詩賦。唐朝的科舉特別看重你詩寫得好不好。這下，你知道學寫詩有多麼重要了吧。

如果你是一個女生，那麼我要恭喜你了，你算是來對了。比較而言，隋唐時期簡直就是女生的天堂。首先，你不用天天喊着減肥了，看見好吃的東西可以放開來吃，因為當時的潮流是以胖為美，講究體態豐滿，只要不太胖就行。據説當時的大美女楊貴妃就有些胖。除了不用管住嘴以外，隋唐社會其他方面對女生也是比較開放的，比如上面説的女生是可以騎馬出行的；而且可能超乎你想像的是，女生在隋朝時是可以做官的，並且有正式的職位，到了唐朝時地位最高。

穿越到隋唐時期一段時間後，你會發現雖然這段時期很多方面比較開放，但是唯有一點還是沒有放開，那就是城市宵禁制度。隋唐時期將這個制度延續了下來，還是禁止人們晚上出門。你要是去朋友家串門，天黑了還沒回家，最好就住在朋友家吧，千萬不要心存僥倖，被抓到可是很慘的。

隋唐時期，唯一解除宵禁的時間是在元宵節的時候，一般為三天。那三天可以説是長安城最熱鬧的時候，城內所有的街道都張燈結綵、燈火通明。所有人都會選擇在那三天出門，很多外地的人也會聚集到長安城，聚會、飲酒、作詩、賞花燈。

説到這裏，你是不是已經迫不及待，期盼着元宵節馬上就到了？

隋文帝創立科舉制度

最早的公務員考試

大家在學校都參加過考試吧？那你們知不知道古代的考試叫甚麼？古代的考試叫科舉，古裝劇裏經常會出現的狀元就是從科舉來的。這項制度是隋朝建立的，開創者就是隋文帝楊堅。

楊堅的父親楊忠是北周的開國功臣。楊忠去世後，楊堅繼承了父親的爵位，楊堅的女兒楊麗華又是北周宣帝宇文贇（yūn，粵音溫）的皇后。宇文贇只當了兩年皇帝就去世了，繼位的是只有六歲的北周靜帝，楊堅以輔政大臣的身份開始把持朝政，兩年後就奪取了皇位。楊堅之前的爵位是隨國公，他把「隨」改成「隋」，作為新王朝的國號，這就是隋朝的由來。

隨後，隋文帝把目光投向南方。自從西晉滅亡之後，中國就陷入了四分五裂的局面，後來又演變成南北對峙，就是我們前面說到的南北朝。此時南方的割據政權是陳朝，皇帝陳叔寶非常昏庸，整天花天酒地，朝政十分糜爛。隋文帝覺得滅陳朝的好機會來了，於是在開皇八年（588年），他派兒子楊廣、楊俊，以及大臣楊素各領一支軍隊，三路伐陳，第二年年初就攻克了都城建康。陳叔寶情急之下帶着兩個寵妃跳進一口枯井裏，結果一起被捉住了。隋文帝就這樣統一了天下。

隋文帝楊堅這個皇帝是篡位得來的，很多大臣原來在北周朝廷是和楊堅平起平坐的，楊堅忽然一下就坐上了皇帝的寶座，有些大臣心裏難免不服氣。楊堅考慮到這一點，心裏很是不安。

更關鍵的是，朝廷裏幾乎所有的官職，都被出自「關隴集團」的名門望族壟斷了。這些家族來自陝西關中、甘肅隴山一帶，從北魏開始就組成了軍事聯盟，彼此之間還互相通婚，關係盤根錯節。之前西魏、北周的皇帝都出自這個集團，楊堅自己也是。所以他非常清楚這些家族的勢力有多強，一旦這些人聯合起來，搞不好還會推翻自己。

隋文帝不想讓他們繼續當官，又不能直接廢除他們的官職，那該怎麼辦呢？他最後想出了科舉制這個辦法，也就是通過考試選拔人才。當時的考試只有兩個科目：「志行修謹」和「清平幹濟」。「志行修謹」就是品德修養很高、行為端正的人；「清平幹濟」就是做事清廉公平、有才幹的人。兩個科目一個講德行，一個講才能。隋文帝還下詔，讓各州的考官每年向朝廷推選三個人，通過作詩和答題的方式錄取官員，考試的標準公開統一，就像我們的升學考試一樣，我們考過了就能升學，他們考過了就能當官。

大家可能會有疑問，那些世家大族考過了不是一樣能當官嗎？科舉制也沒能阻止那些人當官啊？確實，科舉制並不能杜絕世家大族當官的情況，但是要知道，它不光面向世家大族，也面向那些家境普通甚至貧寒的讀書人，沒有任何門第、階層的限制。哪怕是平民，只要能通過科舉考試，一樣可以做官。反過來，那些整天吃喝玩樂、吊兒郎當的世族子弟，如果再不好好學習就通不過科舉考試，也就沒法當官了。

這樣一來，世族子弟會被篩下去一大批，而越多平民子弟當官，也就越能搶佔本屬於世族子弟的職位。打個比方，之前世族佔據的官場就好像一桶髒水，科舉選拔出的平民就好像往桶裏不斷注入的清水，雖然不能讓這桶水完全變乾淨，但可以慢慢稀釋它，終究是一種歷史的進步。

更重要的是，科舉制所設的科目，就好像學校設置的必修科目一樣，只有具備這些當官的基本質素，才能通過科舉考試。被錄取的官員至少有能力完成本職工作，這就不會導致像以前那樣人浮於事了。

選拔官員的基礎工作做好了，接下來就要整頓政府架構了。隋文帝辦事雷厲風行，很快就實施了一系列改革措施，他把原來的州、郡、縣簡化為州和縣。這樣一來，站崗的士兵和管理的官員的需求量都大大減少了，不僅提高了管理效率，還省了不少錢。

不過對於隋文帝來說，這項措施最大的作用是加強了中央對地方的統治。為了這個目的，他還專門發明了一個制度，叫五省六曹制。每個部門的職權都不一樣，各部門各司其職，不僅大大地提高了工作效率，還可以相互監督，避免了一個人專權的現象。後來到了唐朝，五省縮減為三省，這就是三省六部制。

除了創立新的政治制度，隋文帝還推行了一種叫輸籍定樣的賦稅制度，也就是設定好一個人要繳的標準賦稅，然後每戶按人丁繳納，同時每家人的戶籍信息一定要寫清楚，不得有假。就這樣，國家的財政收入大幅增加了。

同時，隋文帝也以身作則，他的日常生活非常節儉。皇宮裏東西破了壞了都是要修修補補的，一餐飯只能有一個葷菜，他自己以及皇子穿的衣服簡直不能再樸素，車子用壞了也不換新的，而是讓工匠修好繼續用。

有一次，兒子楊俊偷偷造了華麗的宮室。楊堅知道後，馬上撤了楊俊的爵位，把他禁閉起來。大臣們都為楊俊求情，覺得他只是多花了點錢，不是甚麼大過。隋文帝說：「我是皇帝，只能依照一部法律辦事。照你們的說法，是不是還要單為皇子制定一部法律？」後來，他又發現太子楊勇生活奢侈，很講究排場，又教訓楊勇說：「自古以來，沒聽說有奢侈腐化而能長治久安的。你是太子，應當注意節儉。」

在隋文帝的帶頭作用下，隋朝的經濟逐漸繁榮起來。據說各地官府的倉庫都裝滿了糧食，直到隋朝滅亡以後二十年，倉庫的糧食還沒有吃完。這就是歷史上有名的「開皇之治」。

 知識加油站 制度

隋朝的五省六曹制

隋文帝在漢朝三公九卿制度的基礎上，整合出五省六曹制。五省指的是內侍省、祕書省、內史省、門下省和尚書省。其中內侍省管理的是宮廷事務，祕書省掌管書籍曆法。內史省、門下省、尚書省才是真正的政治中樞，國家的政令由內史省起草，門下省審議，尚書省執行。尚書省是如何執行政令的呢？它下面設有六個負責具體事務的部門，即吏、民、禮、兵、刑、工。這一制度到唐代改為三省六部制，其中的六都制度一直沿用至清朝。

 當時的世界

586 年，東羅馬帝國皇帝莫里斯一世手下將軍菲利皮庫斯率領軍隊，在「索拉孔戰役」中擊敗了波斯薩珊王朝的部隊。587 年，隋文帝制定科舉制度。

隋煬帝開鑿大運河

歷史上著名的「基建狂魔」・・・・・・・・・・・・・・・・・・・

　　如今大家出去玩，可以乘坐各種交通工具：汽車、地下鐵、飛機⋯⋯古代的百姓可沒這麼幸福，他們要是出遠門，無論多遠的路都得走着去；雖然有牛馬拉的車，但是一般人家養不起。所以在古代，最便利的交通方式是乘船。

　　問題是，並不是每個地方都有河。所以有的地方會挖人工河，把距離不太遠的其他河流連通成水路網絡，這種人工挖出的河道就叫運河。中國歷史上最長的大運河，就是隋朝開鑿的。

　　下令開鑿這條大運河的人，正是隋煬帝楊廣，他是歷史上有名的暴君。正是因為他的殘暴統治，隋朝和秦朝一樣，只經歷了兩代皇帝就滅亡了。

　　楊廣是隋文帝和獨孤皇后的第二個兒子，本來按照古代嫡長子繼承制的原則，皇位應該是他的大哥、太子楊勇的。可楊勇在很多小事上都不在意——前面說過，隋文帝崇尚節儉，楊勇就偏偏喜歡搞排場；獨孤皇后推崇一夫一妻制，楊勇卻偏偏冷落正妻，到處拈花惹草，結果搞得父母都很不高興。

　　相比之下，楊廣就非常有心機。其實他骨子裏也喜歡奢侈享樂，可為了討父皇的歡心，他總是裝得十分節儉樸素。有一次隋文帝來楊廣的府邸，看到樂器的琴弦都斷了，又蒙了一層灰塵，顯然是好久沒有使用過，隋文帝以為楊廣不喜歡聲色娛樂，特別讚賞他。楊廣還經常和妻子秀恩愛。再加上他本人也確實有才幹，曾平定過突厥，掛名擔任過「滅陳之戰」的統帥，把江南治理得不錯。時間一長，隋文帝最終廢掉了楊勇的太子位，等隋文帝死後，楊廣就當上了皇帝。

　　誰也沒想到，當上皇帝後的楊廣就像野馬脫了韁，再也不裝儉樸了，怎麼奢華怎麼來。他很快就下令修建東都洛陽。朝廷為此徵用了大批民夫，據說每月都得徵發二百萬人，日夜不停地施工。那些建造宮殿需要的

珍稀木材和石料，都是從長江以南、五嶺以北採集來的，光一根柱子就得用上千人拉。

他還專門在洛陽西面造了一座叫「西苑」的園林，方圓足有二百里，裏面亭台樓閣、奇花異草、珍禽異獸應有盡有，到了冬天樹葉凋零的時候，宮人們還得專門把彩綾剪成花葉紮在樹上，剪成荷花鋪在池塘裏，顏色舊了就換上新的，顯得和春天一樣。

這邊洛陽城還在建着，那邊隋煬帝又下令修建大運河。在中國歷史上，北方的經濟本來比南方要發達很多。但從三國時期開始，大量中原人為躲避戰亂來到南方，經過南北朝時期的開發，南方經濟逐漸超過了北方。隋朝統一全國後，雖然定都長安，但很依賴江南的糧食物資供應，所以隋煬帝想修建這樣一條運河，好把南方的糧食運到北方。

他從河南、淮北等地徵發一百多萬名百姓，修建了一條從洛陽西苑到山陽（今江蘇省淮安市）的通濟渠；又從淮南徵發了十多萬人，從山陽到江都（今江蘇省揚州市），重新疏通春秋時期的一條運河——邗溝。這樣一來，從洛陽就可以直接走水路到江南了。

之後，隋煬帝又修建了兩段運河，一段從洛陽向北到涿郡（今北京市），叫永濟渠；另一段從京口（今江蘇省鎮江市）到餘杭（今浙江省杭

州市），叫江南河。這兩條運河與前面的通濟渠、邗溝連接起來，就構成了一條貫通南北的大運河。從北方的涿郡到南方的餘杭，南北足有五千多里長。

運河剛修好，隋煬帝就迫不及待地帶領着龐大的隊伍從洛陽動身，乘船順着運河前往江都遊覽。據說他下令建造了上萬條大船，他自己乘坐的龍舟足有四層樓那麼高，船上甚至修建了宮殿和許多宮室，裝飾得金碧輝煌。這上萬條大船在運河上排開，前後足有二百里長。

這麼大的船，有多少支槳都划不起來，只能靠人力在岸上一點點往前拉，結果隋煬帝又徵發了八萬多名民工來拉縴。這還沒完，隋煬帝還下令在運河兩岸修築柳樹成蔭的御道，運河兩岸的百姓還得給船隊置辦酒席，這叫「獻食」。有的地方獻上的食物太多，整個船隊都吃不完，留下的剩菜就算在岸邊挖個坑埋掉，也不許百姓吃。

大運河終於修建完了，天下百姓已經是死的死、傷的傷了，田地也荒廢了，家裏的老人小孩也快餓死了。沒想到這時候隋煬帝又有了新的計劃 —— 進攻高句麗（gūo lí，粵音鷗璃）。

611 年，隋煬帝第一次征討高句麗。為了一戰滅掉高句麗，據說隋煬帝徵發了一百一十三萬大軍，分了二十多路進兵。可是因為兵力太龐大，行動很遲緩，最終慘敗而歸，安全返回的只有兩千七百人。隋煬帝不僅沒從這次慘敗中汲取教訓，第二年還重整隊伍，再次進攻高句麗。誰知打到一半的時候，朝中傳來吏部尚書楊玄感叛變的消息，隋煬帝只能被迫撤軍。

楊玄感的叛亂規模不大，很快就平定了。但隋煬帝痛恨他壞了自己的好事，下令追究同黨，最後一口氣殺了三萬多人，其實他們當中一大半都是冤枉的。這些被殺者的家人都被罰為奴役，財產也被沒收，還有六千多人被流放。

隋煬帝很快又對高句麗發動了第三次進攻。這時候別說普通百姓，就連很多士卒都受不了了，許多人在進軍路上就偷偷逃掉了。隋煬帝殺了不少逃兵，可大家寧可逃跑失敗抓回來被殺，也不肯替他賣命了。

這第三次進兵，隋煬帝總算運氣好了點。高句麗畢竟是小國，連續幾

年抵抗隋軍，也被耗得筋疲力盡了，高句麗王派出使者表示投降。隋煬帝終於挽回了一點顏面，他也無心再戰，趕緊接受了投降，和高句麗談妥了條件就收兵回朝。

沒想到，隋煬帝這邊剛回去，高句麗就耍起了賴皮，不僅不按他的命令入朝，還不放回之前擄獲的大批隋朝士兵。隋煬帝氣壞了，又準備再次討伐。可這次計劃還沒有成形，國內就爆發了農民起義，隋朝由此走向了滅亡，隋煬帝楊廣也因此成了歷史上有名的亡國之君。

知識加油站 科學

著名的趙州橋

趙州橋位於河北省趙縣，始建於隋朝大業年間，由匠師李春設計。趙州橋外形古樸，是世界上現存最早、保存最完整的敞肩石拱橋。趙州橋採用圓弧拱形式，達到了跨度大、弧形平的效果，在拱肩兩側各建兩個對稱的小拱，進一步提升了橋體的穩固性。趙州橋建成後，歷朝歷代曾對其多次修繕，它是寶貴的物質文化遺產。

當時的世界

605 年，隋煬帝下令開鑿大運河的通濟渠，耗費了大量的人力物力，惹得民怨沸騰。但是大運河對溝通南北經濟、促進文化交流起到了積極作用，是一項利在千秋的水利工程。607 年，日本的聖德太子派出的遣隋使抵達洛陽，與隋朝建交，中日兩國開始了密切的文化交流。

民變四起

席捲全國的農民起義 ·····························

　　上節講到，在隋煬帝一而再再而三的剝削下，天下被搞得民不聊生。大家想一下，如果讓你們常年都吃不飽飯，還要被拉去工作，做得不好就要挨打，工作完成又要馬不停蹄地上戰場，你們是甚麼感受？百姓們終於忍受不下去，開始奮起反抗了。

　　不過，最先起兵的並不是農民，而是朝廷裏的一位高官——禮部尚書楊玄感。楊玄感的父親是楊素，曾經和隋煬帝一起滅過陳朝，還幫他登上皇位。可是後來隋煬帝對他越來越不放心，楊素也整天活得戰戰兢兢。後來他病倒了，隋煬帝派了不少名醫去給他治病，又賜給他很多珍貴藥材，卻又總是暗地裏向醫生詢問楊素的病情，總怕他又活下來。楊素實在不想在隋煬帝的猜忌下繼續提心吊膽地活下去，乾脆不肯吃藥，沒多久就去世了。

　　隋煬帝還曾對手下說過：「如果楊素不死，他們全家都要死。」大家想想，這話傳到楊玄感耳朵裏，他是甚麼感受？楊玄感越想越心寒，打定主意要找機會推翻隋煬帝。

　　隋煬帝第二次討伐高句麗的時候，楊玄感覺得機會來了。這時候因為隋煬帝連年的胡作非為，百姓們都被折磨得苦不堪言，楊玄感剛好負責押運糧草，這天他扣下運往前線的糧草，發放給周圍的饑民。百姓們早就挨了很久的餓，一見到糧食都兩眼放光，紛紛擁護楊玄感，楊玄感手下的兵力很快就擴充到了十萬人。

　　這些起義軍裝備很簡陋，但為了求生，士氣非常高昂，打敗了好幾支隋軍。遠在高句麗的隋煬帝得到了消息也很驚慌，趕緊連夜撤兵。

　　可惜，楊玄感沒能把握住這大好時機。軍師李密給他出了上中下三條計策：上策是帶兵北上，截斷隋煬帝的退路，這樣前有高句麗，後有楊玄感，隋軍不出十天就得耗光軍糧，要麼餓死，要麼投降；中策是向西奪取

長安，佔領關中地區，然後憑險堅守；下策則是就近攻打東都洛陽。

楊玄感卻覺得，上策中策都太花時間，還是下策成功最快，於是他跑去攻打東都洛陽。不料洛陽城牆非常堅固，一時攻不下來，隋朝援軍卻已經趕到，最終楊玄感寡不敵眾，兵敗自殺了。李密也被隋軍抓住，但他很機靈，和其他十幾個犯人商量了一下，用隨身帶的錢財賄賂押送的隋兵，供他們吃喝。這些隋兵每天晚上吃吃喝喝，防備就鬆懈了下來。這天晚上，李密他們找了個機會在土牆上挖了個洞，一起逃跑了。

後來李密投奔了另一支起義軍，他們以東郡（今河南滑縣）瓦崗寨作為根據地，首領叫翟（zhái，粵音摘）讓。翟讓原先是個小官吏，因為得罪了上司而被關進牢房。幸虧看守的獄吏看他非同尋常，是個能做大事的人，就悄悄地把他放了。翟讓逃到瓦崗寨，在那裏建立起了一支農民起義軍。眼下李密又過來投奔，翟讓更是如虎添翼。

在李密的指揮下，瓦崗軍成功攻下了滎陽，又打下滎陽周圍的很多縣，還攻下了隋朝最大的糧庫——興洛倉，他們打開糧倉，把糧食分給忍飢挨餓的百姓們。百姓們聽到消息都興奮壞了，立刻從四面八方湧過來領糧食，飽餐一頓後無不感激瓦崗軍。

緊接着，在李密的指揮下，瓦崗軍又打敗了前來救援糧倉的隋軍。李密的威望越來越高，翟讓覺得自己的才能不如李密，乾脆把首領的位子讓給了他，李密當上了魏公，翟讓反而成了地位低一級的司徒。

沒想到，翟讓這樣做卻埋下了禍根。翟讓自己對首領的位子不在意，可那些追隨他的將領都不甘心，哥哥翟寬就對翟讓説：「天子只能自己做，哪能讓別人做！你如果不做天子，我自己做。」翟讓始終不答應。但這些話傳到李密耳朵裏，李密卻提防起來。他覺得一山不容二虎，翟讓只要活着，對自己就是個威脅，於是對翟讓起了殺心。

這天，李密請翟讓喝酒。翟讓本來帶了好幾名將領當護衛，李密卻想辦法把他們都支開了，又假意拿出一把好弓給翟讓看，請他試着拉開。翟讓剛拉開弓，李密的一名心腹就拔出刀，一刀砍中了翟讓的後背。緊接着，李密又殺死了翟讓的幾名親信，鏟除了翟讓在瓦崗寨的勢力。

李密雖然獨佔了瓦崗寨，卻失去了士兵們的擁護。大家都覺得，翟讓對李密有恩，李密卻殺死了他，這也太忘恩負義了。瓦崗軍的軍心一下散了，戰鬥力日漸衰弱，不斷被隋軍打敗。最後，李密帶着兩萬殘兵投靠了李淵的唐軍，後來又因反叛唐軍被殺，「瓦崗寨起義」就這樣失敗了。

楊玄感、瓦崗軍都失敗了，可各地的起義軍卻越來越多，規模越來越大。隋煬帝這才懂得民心向背的道理。之前住在東都洛陽的時候，他就一直在擔心戰局，有一次西苑失火，隋煬帝以為起義軍殺過來了，嚇得跑出宮躲到草叢裏，此時的他再也沒了以前的狂妄，整天擔驚受怕。

為了躲避起義軍，隋煬帝遷居到了南方的江都，可每天仍然能聽到隋軍戰敗的消息。隋煬帝知道大勢已去，乾脆整天醉生夢死，以此來麻醉自己。有一次他照鏡子，轉過臉來對皇后説：「這麼好的頭顱，會被誰砍下呢？」

這話説完沒多久，取人頭的人就來了，這個人就是大臣宇文化及。當

時隋煬帝眼看天下大亂，不想再回中原，便打算遷都到丹陽（今江蘇省南京市）。他的想法是，北方平定不了，我就待在江南，大不了南北朝再來一回。可他沒想到，身邊的衛士都是關中人，全都懷念家鄉，不想留在南方。宇文化及利用士兵們的這種情緒發動了兵變，領軍殺進宮裏。

隋煬帝被兵變的士兵們捉住，他也知道自己活不了了，只想不要死得那麼痛苦，於是提出喝毒酒自盡，可是宇文化及不答應，讓手下把他縊死了。

隋煬帝這一死，隋朝的滅亡也進入了倒數。

古代的灌溉神器 —— 筒車

　　筒車是借助流水作為動力，灌溉農田的水利灌溉工具。在隋朝以前，水車需要農民站在上面踩踏，才能把水引入農田。而隋朝出現的筒車則無需人力，先在一副大轉輪上安裝一些竹筒，然後把轉輪安裝在河邊，下部浸入水中，水中的竹筒就灌滿了水。隨着水流沖刷，轉輪轉起來，竹筒就被帶到高處，把水傾瀉進對準轉輪的水槽，從而源源不斷地為農田供水。

當時的世界

　　611年，關中地區爆發旱災和瘟疫，次年隋煬帝大舉徵兵討伐高句麗，一時間民不聊生，從而引發了「瓦崗寨起義」。613年，盎格魯—撒克遜人完全佔據不列顛島，他們所說的英語逐漸成為當地的主要語言。

李淵太原起兵

從平叛改為造反 ·

　　大家肯定聽説過唐裝和唐人街吧？「唐」這個字就代表着中國，但是你知道它是怎麼來的嗎？這就要從唐朝説起了。

　　前面講過，隋朝的建立者楊堅本來是北周的大臣，而唐朝的建立者李淵也是隋朝的大臣。李淵繼承了祖父的爵位，當上了唐國公，本來一心想報效朝廷。後來隋煬帝時期天下大亂，農民起義軍一支接一支，隋煬帝派出大臣鎮壓各地起義軍，李淵就被派到了太原。

　　李淵到了太原後，也打了幾場勝仗，可誰知起義軍打跑一批又來一批，根本打不完。更要命的是，這邊起義軍越來越多，那邊突厥人又打過來了。李淵有些慌了，太原要是失守了，以隋煬帝那個暴躁脾氣，自己哪還能有甚麼好結果！

　　這時，李淵的次子李世民開始極力勸説他反隋。李淵的幾個兒子當中，李世民是最能幹的。早年隋煬帝曾經來過雁門一帶，結果被突厥人包圍了，李世民跟着將軍雲定興去救駕。出發之前，李世民建議雲定興多帶旗鼓來設置疑兵，讓突厥人以為援軍非常多，不然敵眾我寡，別説救皇帝，自己都未必能活着回來。雲定興聽取了他的建議，突厥人果然被嚇退了。

　　李世民早就看出隋朝必亡，眼下他覺得是起兵的時機了。李淵其實也早有起兵的打算，可他還想再等等，於是故意裝出驚慌的樣子，捂住李世民的嘴説：「你怎麼可以説這樣的話？那可是要殺頭的啊！」

　　這時候的李世民才十八歲，卻已經是一個有勇有謀的優秀青年，他也早就在暗中結交豪傑，培植自己的勢力。這些人當中，太原縣令劉文靜就是李世民的好友之一，但此時他已經坐了牢。原來，劉文靜是前面講過的李密的親戚，李密曾被隋軍抓過，劉文靜也受到牽連，被革職坐了牢。

　　李世民跑到牢裏去探望劉文靜，問他對時局的看法。劉文靜雖然人

在監獄，可是一點也不對朝廷屈服。他認為，現在天下大亂，是發動起義的好機會。很多避亂的百姓都來到了太原城，聚集起來一下就能有十萬大軍，再加上李淵原本統領的數萬兵馬，他們父子一發話，沒人敢不聽從，到時候打入關中，不出半年就能成就帝業。

李世民聽了這話，更加下定了起兵的決心。後來他又找機會游說父親，他對李淵說：「父親你奉命殺反隋的人，你以為反隋的人真的殺得盡嗎？」

李淵看出了兒子起兵的決心，回答說：「從現在起，我們家破人亡或是化家為國，都看你了！」就這樣，李淵父子走上了反隋之路。

李淵做好決定，就把劉文靜從牢房裏放了出來。正巧，他手下的劉武周發起兵變，殺死馬邑太守，佔據了馬邑，還和突厥相勾結。這剛好給了李淵一個招兵買馬的藉口，他派李世民、劉文靜等人到處招兵買馬，還把在外地的另兩個兒子李建成和李元吉召回來，勢力迅速擴張起來。

　　這個時候，李淵的兩個副手王威、高君雅察覺出他的打算了。這兩個官員仍然忠於隋朝，他們想除掉李淵，向隋煬帝請賞，於是密謀把李淵父子騙到晉祠祈雨，趁機殺掉他們。兩人沒想到，這個消息讓李淵的親信知道了，提前告訴了李淵。結果李淵、李世民父子搶先一步，反過來給他們扣上個勾結突厥的罪名，把兩人關進了監獄。

　　巧的是，剛過了兩天，還真有好幾萬突厥軍隊來進攻太原，這下李淵更有藉口了，他馬上下令把王威、高君雅斬首。對來進攻的突厥軍隊，李淵玩了個空城計，故意把城門都打開，突厥的軍隊不敢貿然進去，最後灰溜溜退兵了。後來劉文靜給李淵出了個主意，到突厥可汗那裏講和，約他一起反隋，就這樣穩住了突厥。

　　順利解決第一波危機之後，李淵父子準備正式起兵反隋了。617 年 6 月，李淵封自己為大將軍，把李建成和李世民分別封為左右領軍大都督，劉文靜為大司馬。為了進一步增強兵力，李淵也學瓦崗軍的辦法，打開糧倉賑濟貧民，藉機招募士兵。這下附近的百姓都被吸引過來，據說每天都有上千人從軍，短短二十天，李淵就多了好幾萬名士兵。

　　隨後，李淵的隊伍開始進攻山西霍邑。不料這個地方道路十分狹窄，再加上接連幾天大雨，軍糧運輸中斷，情況非常不利。雪上加霜的是，隋朝大將宋老生還一路拚命攔擊。李淵非常發愁，甚至想要撤軍回太原。李世民倒是比父親堅定得多，他說：「現在正是秋收時節，田野裏到處都是糧食，根本不怕缺糧，回太原才是死路一條，隋煬帝肯定派兵在那裏守着呢！」

　　李淵這才冷靜下來，繼續帶兵向前進發。果然，接連下了好多天雨之後，終於放晴了，李淵把主力兵馬埋伏起來，只派李建成率領幾十名騎兵在霍邑城下挑戰。宋老生一看唐軍人少，親自領軍出城進攻，卻中了埋伏。李世民帶兵居高臨下從南面山頭衝殺下來，把宋老生的人馬打得七零

八落。宋老生急忙回頭想逃回城去，李淵的兵士已經佔了城池，還一起高喊：「宋老生已經抓住啦！」隋軍士兵們都不知真假，頓時軍心大亂。唐軍就這樣打敗了隋軍，宋老生也走投無路，在亂軍中被殺了。

接下來的事情就順利多了，李淵的軍隊人數越來越多，再加上他留守在長安的女兒招募到的一萬多人馬，加起來總共二十多萬人馬，聯合攻打長安。留守在長安的隋軍完全不是對手，很快，李淵就攻下了長安，自己稱帝，國號「唐」。再後來，李淵、李世民父子又先後擊敗了王世充、竇建德等其他起義軍，統一了全國。

開元通寶

　　唐高祖李淵登基後，為了整治混亂的貨幣系統，廢除了隋朝的五銖錢，下令鑄造「開元通寶」。開元通寶為銅質，外圓內方，正面字樣由書法家歐陽詢撰寫。每枚開元通寶重一錢，十枚重一兩。開元通寶的出現，不僅規範了唐代的貨幣系統，還影響了後世一千多年的錢幣形制。有一點大家不要搞混了，開元通寶上的「開元」二字並不是年號，而是開闢新紀元的意思，不要誤認為它是後面我們要講到的唐玄宗開元時期鑄造的。

當時的世界

　　617 年，李淵在太原起兵，用了一年的時間建立了中國歷史上強盛的唐朝。622 年，穆罕默德和信徒們離開麥加，開始在阿拉伯地區傳播伊斯蘭教。

玄武門之變

殘酷的皇位之爭 · · · · · · · · · · · · · · · · ·

　　説起唐朝的皇帝，大家肯定最先想到唐太宗李世民，他雖然不是開國皇帝，但名氣最大、功業最輝煌，在中國歷史上所有的皇帝當中，至少也是前幾名的水平。可大家知道嗎？皇位原本不是李世民的，是他從哥哥李建成手裏「搶」過來的。

　　李建成是李淵的長子，李淵當上皇帝之後，按慣例立他為太子，李世民被封為秦王。那些年，李建成一直鎮守後方，負責處理各種日常公務，李世民則帶領着將士們南征北戰。本來二人各司其職，相安無事，但時間一長，問題就出來了。

　　秦王李世民帶兵出征期間立下戰功無數，其中最關鍵的一戰就是在虎牢關打敗了竇建德和王世充的部隊。此外，李世民也很善於網羅人才，大家要是看過《隋唐演義》，就會知道秦叔寶、程咬金、尉遲敬德這些好漢，他們有的是瓦崗軍的將領，有的來自其他割據勢力，後來都歸順了李世民，成了他的得力助手，也是唐朝的開國功臣。

　　憑藉多年的戰功，李世民在全國上下都樹立起了強大的威信，李淵還特意獎勵了他一個封號，叫天策上將。

　　這樣一來，另一邊的太子李建成就很有壓力。他的功績遠不如李世民，他覺得自己這個弟弟太優秀了，有弟弟在一天，自己的太子之位就不會穩。很快，他就打起了歪主意。

　　有一天，李建成把李世民請到東宮飲酒，沒想到回去之後，李世民的肚子就痛得不行，幸好醫生及時解毒，李世民才撿回一條命。第二天，李建成見李世民還活着，又驚又怕，又開始盤算新的計劃。他聯合了另一個弟弟李元吉，打算調開李世民手下的將士以後，就動手殺掉李世民。

　　消息很快傳到了李世民那裏，長孫無忌、尉遲恭這些手下紛紛建議李世民先發制人。626 年 7 月 2 日清晨，李氏兄弟三人奉命去見李淵，李建成和李元吉騎着馬緩緩地從東宮走出來，一切和往常沒有甚麼不一樣，守門的衞兵跟往常一樣向他們行禮。

　　就在他們走進玄武門的那一刻，李世民突然出現了，原來他一早就收買了衞兵，埋伏在那裏。李建成旁邊的李元吉連忙張弓準備自衞，可是慌亂之下連拉了好幾下都沒拉開弓。李世民張弓搭箭，一箭就射中了李建

成，李建成還沒來得及反應就一命嗚呼。這時李元吉準備逃走，與李世民同行的尉遲恭眼疾手快，三兩下就解決了李元吉。這就是「玄武門之變」。

李世民除掉李建成一黨之後，一不做二不休，立即派尉遲恭領兵去見父親。唐高祖李淵這時候正在宮內的海池上划船，尉遲恭身披鎧甲、手握長矛，大步流星直接上船來到李淵面前。李淵嚇壞了，問他這是做甚麼，尉遲恭把玄武門的事講了一遍。李淵沒想到李世民動手這麼快，一下傻了，旁邊的大臣只好趁機勸他改立李世民當太子。

李淵這時候想不答應都不成，尉遲恭手裏的長矛就在眼前晃着呢。再說李建成也死了，不立李世民，還能立誰當太子？他只好答應了。事情過去之後，李世民裝模作樣地來見李淵，一見面就撲通跪到地上，投進李淵懷裏號啕大哭，顯得別提多委屈了。李淵也哭，一邊是幾個兒子手足相殘，讓他傷心；另一邊二兒子又在逼自己，讓他覺得心寒。

兩個月後，李淵把皇位「禪讓」給了兒子，天下人都明白這到底是怎麼回事。李世民就這麼當上了皇帝，歷史上稱他為「唐太宗」。

「玄武門之變」後，李世民開始清算李建成的黨羽，很多輔佐過李建成的人都被投進了大牢。其中有一個叫魏徵的大臣，李世民聽說他曾經給李建成出主意想害死自己，於是親自到牢裏質問他：「你為何要挑撥我兄弟二人的關係？」魏徵也不怕，很淡定地說了句：「我當時在太子手下做事，幫助他是我的職責，如果他完全聽我的，就不會有『玄武門之變』了。」

李世民覺得魏徵這個人很坦蕩，他也知道魏徵非常有才幹，笑着說：「過去的事就不提了，你以後就給我做諫議大夫吧！」魏徵沒想到李世民能有這樣大的氣量，於是也打起精神，發揮自己畢生所學報效朝廷。

後來的很多年，魏徵一直是李世民最看重的大臣。任何事他都直言敢諫，只要是對國家好的事情他都會去建議，對國家不好的事他也會竭力阻止。

有一年，江南發大水，又趕巧碰上國庫虧空，唐太宗還是照例向百姓徵糧納稅。魏徵擔心百姓會挨餓，於是跑去勸說太宗：「現在國庫糧食緊張，但是大家節約一點，還是可以撐下去的，如果把百姓逼上絕路，國家就完了啊！」唐太宗一下被點醒了，不僅沒有收取江南百姓的糧稅，反倒

打開國庫去支援他們。

有一次，唐太宗問魏徵：「同樣是人，為甚麼有的人明智，有的人昏庸呢？」魏徵回答說：「多聽多方面的話，就明智；只聽單方面的話，就昏庸。」還舉了很多例子告誡他要以人為本。魏徵還打了個比方：君王就好像船，百姓就好像水，水能讓船浮起來，也能把船打翻，這就是「水能載舟，亦能覆舟」的典故。

後來魏徵去世了。唐太宗非常難過，他說：「用銅作鏡子，可以照見衣冠是否端正；用歷史作鏡子，可以看到國家興亡的原因；用人作鏡子，可以發現自己做得對不對。魏徵一死，我就少了一面好鏡子啊！」

曲轅犁

　　唐代勞動階層在漢代直轅犁（lí，粵音黎，一種翻土工具）的基礎上，改造設計出了曲轅犁。比起直轅犁，曲轅犁的犁轅長而有弧度，還相應增加了部件，操作起來更靈活，便於調頭和轉彎，節省了人力和畜力。另外，曲轅犁還能通過操作切換深耕和淺耕，大大提高了生產力。

當時的世界

　　626年，秦王李世民發動「玄武門之變」。兩個月後李淵禪讓皇位，唐朝進入高速發展時期。632年，穆罕默德在麥地那病逝，此時伊斯蘭教已成為阿拉伯半島的主要宗教，並隨着經濟貿易、文化交流向外傳播。

天可汗李世民
外族人對他崇拜得五體投地 · · · · · · · · · · · · · · · · · ·

　　一提起唐朝，大家總會想到「盛唐氣象」這個詞，這種盛唐氣象中，很重要的就是開放包容，這又與唐太宗李世民有着密切關係。

　　李世民登上皇位後就開始勵精圖治，他非常重視政治的清明，前面講的魏徵勸諫就是個著名的例子。在唐太宗的治理下，當時官員們無不盡職盡責，違法犯罪的事情都很少發生。甚至還有這麼一個故事：有一年快要過春節的時候，唐太宗批准二百九十多名死囚犯回家和家人一起過節，和他們約定等到第二年的秋天再回來接受死刑。當時的官員接到命令都驚呆了，把這些死囚犯放走，他們還不逃個精光？但是令人沒想到的是，等到第二年秋天，所有的囚犯竟然都準時回來了。最終，唐太宗因這些死囚犯守信用，決定給他們一個改過自新的機會，將他們全部赦免了。唐太宗還減輕百姓的徭役賦稅，實行均田制，也就是按照一定標準，把田地交給老百姓耕種，讓人人都有田種。他還下令興修水利、開墾荒地，讓百姓安心耕作。

　　與此同時，唐太宗還解決了突厥的威脅。隋朝時，突厥就多次侵入中原，燒殺搶掠。唐太宗剛即位時，突厥的頡（jié，粵音揭）利可汗想趁火打劫，率領十萬大軍打到離長安只有四十里的渭水岸邊。唐太宗臨危不亂，命令長安城的唐軍全都出城準備迎敵，又親自騎馬來到渭水邊上，點名要頡利可汗與自己隔河對話。他隔着渭水，義正詞嚴地質問頡利可汗，雙方已經訂立盟約，突厥為甚麼又要帶兵進犯？

　　頡利可汗沒想到唐朝皇帝敢親自上陣，非常吃驚，再看對面的唐軍軍容整肅，覺得自己面對這樣的對手，肯定拿不下長安城，已有了退縮的想法。唐太宗這麼一問，他就表示願意講和，雙方在橋上訂立盟約，之後突厥就退兵了。

　　突厥撤退之後，唐太宗立刻加緊練兵，並在 630 年派名將李靖、徐世勣（jì，粵音織）率領十萬唐軍進攻突厥。李靖親自率領三千精銳騎兵，連夜偷襲突厥營地，把突厥殺得大敗。頡利可汗一口氣逃到陰山以北，又派使者前往長安求和，還表示要親自來朝見唐太宗，其實是想用這個藉口換來喘息的時間。

　　唐太宗知道，頡利可汗未必是真心求和，於是一邊派使者前往突厥表示安撫，一邊又命令李靖搞清楚突厥人的意圖。李靖也猜到這裏邊可能有詐，和徐世勣又來了一次偷襲，他們經過長途跋涉後悄悄趕到陰山，在夜霧的掩護下，一口氣殲滅了上萬名突厥人，俘虜了頡利可汗，並把他押送到長安，這回他倒真是來面見唐太宗了。

　　頡利可汗本來以為自己死定了，沒想到唐太宗並沒有殺他，而是在東突厥原地設立了都督府，將那些突厥貴族封為都督，讓他們繼續管理突厥

各部，還允許近萬名突厥人住進長安。這下突厥人都對唐太宗感恩戴德，唐太宗的這個做法也得到了周邊少數民族的擁戴，北方和西北地區的各族首領認為唐太宗是偉大的領袖，尊稱他為「天可汗」，意思是各族共同的君主。

貞觀十二年，也就是 638 年，唐軍又平定了位於今天青藏高原的吐蕃（bō，粵音播）。吐蕃首領松贊干布派使者向唐太宗表示臣服，並且請求和親。

唐太宗選來選去，得知江夏王李道宗家有個聰明伶俐的女兒，於是封她為文成公主，將她嫁給松贊干布。到了出嫁這天，文成公主由江夏王護送，帶着宮女、樂隊、工匠、衛士等一行人以及大量物資，浩浩蕩蕩出了長安城，進入吐蕃。松贊干布親自率羣臣迎接文成公主，據說松贊干布第一次看到唐朝使團，頓時被他們服飾的精美所震驚，又是羨慕又是羞愧。

松贊干布帶着文成公主回到邏些（今西藏拉薩），並在這裏為文成公主修建宮室，這就是著名的布達拉宮。文成公主也主持修建了兩座廟宇，一座是吐蕃式的大昭寺，另一座是漢式的小昭寺。當時吐蕃人有一種「赭（zhě，粵音者）面」的習俗，也就是把臉塗成赤褐色，文成公主不太喜歡，松贊干布於是下令，吐蕃人不再赭面，他自己也脫下氈裘，穿上唐朝人的絲綢衣服。松贊干布還派出吐蕃貴族的子弟去長安學習《詩》、《書》等儒家典籍。從此，漢文化傳播到了青藏高原，漢藏兩族人民也迎來了越來越多的文化交流。

唐太宗在位期間，平定了唐朝周邊幾十個國家和部族，既保障了中原百姓的安定生活，又促進了唐朝與周邊的經濟、文化交流。唐太宗更相信，唐朝是世界上最強盛的國家，所以他不怎麼限制外國人。外國人來唐朝，可以定居，可以經商，甚至還能做官。這樣一來，許多外國人紛紛來到唐朝，也促進了唐朝商業的繁榮。

當時世界上出名的商業城市有一半以上都在中國，除了首都長安和東都洛陽之外，還有揚州、廣州、涼州（今甘肅省中西）等許多商業城市。許多唐代文物上都出現了胡商的形象，他們主要從事香料、珠寶、客棧、借貸等產業，再把絲綢、陶器等大唐特產販賣到世界各地。唐詩中多次提

到了胡商，比如「落花踏盡遊何處，笑入胡姬酒肆中」、「胡姬貌如花，當壚笑春風」。很多西域的音樂、舞蹈也在唐朝流行。

西安南郊的何家村還出土過一批唐代珍寶，裏面有大量的羅馬金幣、波斯薩珊王朝的銀幣。甚至連歐洲的基督教也傳入了長安，當時稱為「景教」。今天的西安碑林博物院就收藏有一塊「唐大秦景教流行中國碑」，記載了景教教義、禮儀，以及唐代前中期來自大秦國（羅馬帝國至敘利亞一帶）的基督教東方教會傳教士在大唐傳播景教的史實，碑身正面碑文一千八百餘字，首末兩行刻有古敘利亞文，碑腳及左右碑側另有古敘利亞文雜以漢文，共刻有七十多位景教僧的名字及職稱。

唐昭陵六駿

「昭陵六駿」指的是唐太宗昭陵內的六塊大型浮雕石刻。唐太宗李世民前半生征戰沙場，對戰馬十分看重，於是在修建自己的陵寢時，決定按照他心愛的六匹戰馬雕刻出浮雕。這六塊浮雕上的寶馬良駒線條簡潔有力，結構嚴謹，栩栩如生，是極其寶貴的石雕藝術珍品。

當時的世界

641 年，文成公主入藏，嫁給吐蕃首領松贊干布。送親隊伍中帶有經史、曆法、醫藥、農業等典籍，還有樂師、工匠隨行，將中原文化傳播到西藏。642 年，阿拉伯帝國征服了波斯薩珊王朝，將整個埃及納入了自己的版圖。阿拉伯帝國的快速擴張持續了近一個世紀，廣袤的領土孕育了阿拉伯文明，這裏一度成為聯結亞歐非三大洲的樞紐。

玄奘取經

歷史上真實的「西遊記」

《西遊記》的故事大家肯定都聽過吧，看到裏面數不清的妖魔鬼怪，你是不是覺得故事完全是作者虛構出來的？其實書中還真有一個主要人物在歷史上是存在的，他就是唐僧。當然，真正的唐僧身邊並沒有孫悟空，他也沒有經歷九九八十一難，不過他遇到過的困難也絕對不小。

「唐僧」當然不是本名，只是「唐朝和尚」的意思。唐僧取經發生在唐朝的貞觀年間，也就是唐太宗統治時期。唐太宗本人也在《西遊記》裏「客串」了一把。唐僧出家前的名字叫陳禕（yī，粵音衣），他的父親是朝廷的官員，母親和小說裏寫的一樣，是個大戶人家的小姐。唐僧還有個哥哥，是一個虔誠的佛教徒，唐僧很小就跟着哥哥到寺院裏聽僧人講經，耳濡目染之下，也對佛教產生了濃厚的興趣。十三歲那年，唐僧到洛陽的淨土寺出家當了和尚，這才有了法名「玄奘（zàng，粵音狀）」。

從那以後，玄奘開始專心研究佛家經典，但他很快就碰到了難題。那些佛經都是從印度傳來的，都是用印度的梵文寫的。當時的中原懂梵文的人不多，水平也有限，只能根據自己掌握的知識，再加上個人理解來翻譯，導致那些翻譯過來的佛經出現了很多歧義和矛盾的地方。

玄奘非常想搞清楚這些佛經的真正含義，於是想前往印度取經。他和一些志同道合的和尚一起，向唐太宗李世民請求出境。大家要是看過《西遊記》會記得，唐太宗大力支持玄奘取經，還認他為「御弟」。可歷史上剛好相反，當時唐朝面臨突厥的威脅，所以不允許百姓隨意進出邊關，任憑玄奘說破嘴，唐太宗也不肯放行。

要是我們一般人，多半就會放棄了。但玄奘一點也不氣餒，始終在等待機會。到了貞觀三年（629年），長安鬧饑荒，唐太宗這才允許百姓去各地覓食，玄奘也混在難民們當中，踏上了取經之路。

玄奘沒帶多少盤纏，只有一匹馬和少量乾糧，他沿着計劃好的路線向

西走，順利地經過秦州，到了涼州卻卡住了。這裏是防備突厥軍隊侵擾的前沿陣地，唐太宗早就下令封鎖邊關，禁止任何人西行。玄奘剛到涼州，就被涼州都督李大亮勒令原路返回。幸好當地一名叫慧威的法師非常欣賞玄奘，派了兩個徒弟連夜護送他逃走。他們害怕被發現，總是白天休息、晚上趕路，最後艱難地到達了瓜州。

瓜州刺史是虔誠的佛教徒，他得知玄奘的打算，非常敬佩，不僅用好飯好菜招待玄奘，還當面撕毀了捉拿玄奘的通緝令。玄奘又驚又喜，好一通感謝，之後就繼續上路了。

這時候，玄奘遇上了一個叫石盤陀的胡人，表示願意護送他前往印度，但是和石盤陀同行的老胡人不願意冒險，留下一匹馬就離開了。後來有觀點認為，這個石盤陀正是孫悟空的原型之一。

玄奘和石盤陀二人帶着馬來到了玉門關，這裏仍然戒備森嚴，他們只好繞路走。石盤陀砍下樹木作橋，兩人才得以過河。可惜沒過多久，石盤陀就變卦了，不僅不肯往前走了，夜裏還試圖殺害玄奘，玄奘看出他不懷好意，把他打發走了。

後來玄奘得到了校尉王祥的幫助，走出玉門關，也從此離開了大唐帝

國領土，孤身走入八百里大沙漠 —— 莫賀延磧（磧，qì，粵音織。今哈順沙漠）。這裏一個人影都沒有，到處都是無邊無際的黃沙，偶爾能看到動物或人的骨骸。玄奘在沙漠裏越走越孤單，越走越恐懼，後來都產生了幻覺。

偏偏禍不單行，最糟糕的事情發生了。進入沙漠不久，玄奘的水囊就掉到地上，裏面的水灑了出來，很快就滲進了黃沙。你要是處在這樣的環境，遇上這樣的事，怕不怕？玄奘也慌了，準備回去補充飲水。掉頭走了十幾里，他忽然想起自己動身前曾立過誓言：不到達目的地，決不後退一步。現在怎麼能遇到困難就後退呢？想到這裏，他撥轉馬頭，繼續朝西前進。

玄奘就這樣在沙漠裏走了五天四夜，一直沒水喝，渴得嗓子冒煙。眼看玄奘就要活活渴死的時候，奇跡出現了，那匹老馬突然馱着他朝一個方向飛奔過去，最後來到一池清水旁。玄奘驚呆了，這是夢嗎？他狠狠捏了一把自己，再三確認這是真的，才下馬大口大口地喝水。

玄奘在這片水草地休養了兩天，然後裝滿水囊，又割了些青草，帶着那匹老馬繼續上路，終於奇跡般地走出了沙漠，經過伊吾（今新疆維吾爾族自治區哈密市），來到高昌國（今新疆維吾爾族自治區吐魯番市東）。

這時的玄奘算是苦盡甘來了。高昌王麴（qū，粵音曲）文泰也信佛，他十分敬重玄奘，請他講經，還希望他能在高昌留下來當國師。但玄奘堅決不肯，甚至用絕食的方式表明心意。高昌王只好放他西行，還為他準備了往返二十年的錢，換了一匹年輕力壯的馬，派專人護送，並寫信給沿路二十四國的國王，請他們保護玄奘過境。

這樣一來，後面的路就好走多了。玄奘帶領着這支隊伍風餐露宿，跨越雪山冰河，歷經艱難險阻，終於在貞觀五年（631 年）來到了印度那爛陀寺。他在那裏學習了五年，閱讀了寺裏的大量佛經，精研了論藏、律藏、經藏，因此被稱為「三藏法師」。

當地的國王戒日王聽說玄奘的事跡後，深受感動，專門為他召開了一場盛大的佛旨辯論大會，足有數千名高僧參加。玄奘輪流與他們辯論，誰也辯不過他。從此，玄奘在整個印度都出了名。

643 年，玄奘帶着大量的佛經離開印度，返回長安。這時他的事跡已在唐朝流傳開來，百姓們都把他當成英雄來歡迎，唐太宗也不再追究玄奘偷渡出關的事，在洛陽行宮接見了玄奘，聽他講了這次西行的經歷。

從此以後，玄奘就在長安定居下來，專心翻譯從印度帶回來的佛經。他還和弟子們編寫了一本《大唐西域記》，記錄了自己到過的一百多個國家的地理情況、風俗習慣。後來，民間逐漸流傳起一些關於唐僧取經的傳説。到了明朝，吳承恩在這些傳説的基礎上，寫出了一本講唐僧取經的小説，這就是我們熟知的《西遊記》。

知識加油站 文化

大雁塔

　　玄奘取經歸來後，在大慈恩寺內譯經，為了保存佛經佛像，主持修建了佛塔。在古代，新建的佛塔稱為「雁塔」，由於後來長安的薦福寺內修建了一座較小的雁塔，所以大慈恩寺內的這座塔又被稱為「大雁塔」，這個名字沿用至今。大雁塔是現存最早、規模最大的唐代四方樓閣式磚塔，外形古樸，共有 7 層，每層四面均有圓拱形小門。

當時的世界

　　645 年，玄奘歷經十九年從印度歸來。此後，他投入到譯經、講經的工作中去，為佛教在中國的傳播做出了傑出貢獻。646 年，日本孝德天皇下詔學習唐朝，改革國家制度，使日本進入封建社會，歷史上稱為「大化革新」。

武則天稱帝

歷史上唯一的女皇帝 · · · · · · · · · · · · · · · · · · ·

　　大家都知道，中國古往今來的皇帝都是男的，然而在唐朝，卻有一個女人當上了皇帝，這也是中國歷史上唯一一個女皇帝，她就是女皇武則天。

　　武則天的出身非常平凡，史書都沒記載她的原名，「則天」是她後來給自己起的名字。她的父親是個商人，用錢買了個官做，後來父親死了，母親把她送到宮裏參加選秀。她長得很美，又非常聰明，於是被選入宮中。入宮之前，母親很捨不得她，哭了又哭，她卻說：「我侍奉聖明天子，誰知不是福氣，何必哭哭啼啼呢？」後來她當上了「才人」，這是宮中地位最低的封號。她侍奉過唐太宗，唐太宗很喜歡她，給她賜了個名叫「媚」，所以那時她也叫武媚。

　　據說唐太宗有一匹駿馬叫獅子驄（cōng，粵音充），性子很烈，誰也沒辦法馴服牠。有一天唐太宗帶后妃們去看那匹馬，半開玩笑地問：「誰能制服這匹馬？」沒人敢吭聲，武媚卻開口說，她用三樣東西可以馴服這匹馬：一根鐵鞭、一隻鐵錐、一把匕首。自己先用鞭子抽打牠；

牠要是不服，就用鐵錐扎牠；如果還是不服，乾脆就用匕首割斷牠的脖子殺死牠。唐太宗沒想到這個武媚這麼狠辣，不由得對她另眼相看。

不過，後宮的妃嬪宮女很多，唐太宗又忙於政事，日理萬機，沒過幾天就把武媚忘得乾乾淨淨。武媚在宮中待了整整十二年，仍然是個默默無聞的才人。到了第十二年，唐太宗去世了，按規定，後宮所有沒孩子的妃子都要被送到感業寺去當尼姑。

武媚面對這種命運，當然很不甘心，她一天到晚盼着有機會回到宮裏。

沒過多久，機會還真來了。這天，新登基的唐高宗李治來到感業寺，為去世的父皇上香，見到了武媚。當年李治做太子時就認識武媚，一直對她的美貌念念不忘。可那時的武媚是唐太宗的妃子，李治不敢怎麼樣。如今他看到武媚剃了光頭，一副楚楚可憐的樣子，不由得很可憐她。武媚也察覺出唐高宗的意思，裝得愈發柔弱可憐，唐高宗更加動心，決定找機會把她帶回宮中。

正巧，皇后王氏一直沒有生育，唐高宗對她很冷淡，而十分寵愛另一位妃子蕭淑妃。這讓王皇后非常發愁。她聽說了皇帝喜歡武媚的事，心想，要是把武媚召進宮裏，皇帝就會寵愛她，不再寵愛蕭淑妃了；自己對武媚有恩，她在宮中又無權無勢，除了跟着自己，還能投靠誰呢？這樣自己就可以利用武媚，把皇帝籠絡在身邊。

打定主意後，王皇后主動建議唐高宗把武媚接到宮裏。唐高宗喜出望外，趕緊把武媚接回宮裏，封為昭儀。武媚從此迎來了人生的轉機，並很快就有了當皇后的野心。經過一番勾心鬥角，她成功地讓唐高宗把蕭淑妃打入冷宮，還廢掉了王皇后。

然而，武媚想當皇后也沒那麼容易。大臣們得知唐高宗想立武媚為皇后，都異口同聲地反對，反對最堅決的就是長孫無忌。他不僅是當朝宰相，還是唐高宗的舅舅，當年李治能當皇帝，長孫無忌也出了很大的力，所以他在朝中勢力很大。

可也正因如此，李治一直很忌憚長孫無忌。長孫無忌任何事都要過

問，如今立個皇后也要反對，李治越想越生氣：你們越是反對，我就越是要立，看誰鬥得過誰！鐵了心要把武媚立成皇后。武媚私下也拉攏了一批大臣，幫着唐高宗和長孫無忌鬥，大臣徐世勣就對高宗説：「這是陛下的家事，別人管不着。」唐高宗以此為藉口，到底還是立了武媚當皇后。

武媚一當上皇后，立刻就開始了打擊報復。她幫唐高宗出謀劃策，把那些反對她的老臣一個個貶官流放，長孫無忌更是被逼自殺。這下，唐高宗終於把權力牢牢掌握在自己手上，也更信任武媚了，就連上朝也讓武媚坐在自己旁邊，聽大臣們稟報國家大事。這就是歷史上有名的「二聖臨朝」。

一年後，唐高宗突然得了風疾，頭暈目眩，完全沒辦法處理朝政，他乾脆讓武媚替自己處理。武媚之前跟着唐高宗上朝，已經接觸了很多政務，算是有過「實習」，如今替丈夫治國不僅不生疏，反而做得更好。

不過，畢竟樹大招風，武媚干政的時間長了，招來了很多大臣的議論，唐高宗自己也慢慢不放心起來。有一次他跟宰相上官儀商量這事，上官儀悄悄建議他廢掉武媚。唐高宗動心了，讓上官儀起草一道廢后的詔書。

沒想到這話讓武媚安插在唐高宗身邊的太監聽到了。武媚立刻趕過去，拿這事質問唐高宗，又提到往日的夫妻恩情，一會大聲吵鬧，一會又聲淚俱下。唐高宗心很軟，反而覺得是自己對不起武媚，情急之下來了句：這並不是我的意思，是上官儀教我的。沒過多久，武媚就找了個罪名把上官儀殺了，之後便始終牢牢地把持着朝政。

後來，李治病重去世了。按慣例，武媚應該交出手中的權力。然而一旦嚐到甜頭，哪還有放下的可能？武則天先後把兩個兒子立為皇帝，一個是唐中宗李顯，一個是唐睿宗李旦，可他們都不合她的心意。結果她廢掉了唐中宗，軟禁了唐睿宗，自己繼續以太后的名義臨朝執政。再後來，她覺得自己反正也到了這個位置，乾脆再進一步得了，冒出了自己當皇帝的打算。

忠於她的那些手下也明白她的心思，一個叫傅遊藝的官員帶領關中地區九百多人聯名上書，請求她即位稱帝。武則天一邊推辭，一面升了傅遊藝的官。大家一看，更加起勁地勸她當皇帝。據説當時文武官員、王公貴族、遠近百姓、各族首領、和尚道士，上勸進表的足有六萬多人。

武則天一看，自己當皇帝的聲勢已經造起來了，是登基的時候了。690 年 9 月，她自稱「聖神皇帝」，改國號為「周」，把東都洛陽改為「神都」，從此成為中國歷史上唯一的女皇帝。這一年，她已經六十七歲。

　　武則天當上女皇之後，把國家治理得很好。她非常重視科舉，選官不看門第，而是看政治才能。所以在那段時間，很多優秀的人能得到機會當官，這樣也提高了百姓們讀書學習的動力。「五尺童子恥不言文墨焉」的社會風氣，就是從武則天時期開始的。

　　不過，以女子之身當上皇帝，在當時仍然是石破天驚的事，天下必然少不了反對武則天的人。武則天即位前後，起兵反對她的人從來就沒斷絕過，其中最有名的就是徐敬業。

知識加油站 文化

龍門石窟的盧舍那大佛

　　唐高宗時期，皇后武則天捐出兩萬貫脂粉錢，在龍門石窟營建佛像，工程歷時近四年完成。石窟以盧舍那大佛為中心，兩側站立着佛陀的弟子。這尊佛像面容豐滿圓潤，表情端莊祥和，讓人肅然起敬。據《大盧舍那佛龕（kān，粵音堪）記》記載，佛像是根據武則天的容貌所塑造。這一石窟以宏大的規模、精湛的雕刻，成為中國石刻藝術的經典之作。

當時的世界

　　655 年，唐高宗立武氏為皇后。在武則天的輔佐下，高宗完成了對貴族元老的打擊，實現了君主集權。東羅馬帝國海軍在「船桅之戰」中敗給阿拉伯人。此後，皇帝君士坦斯二世大力整頓海軍，建成了羅馬史上第一支建制完整的正規海軍。

徐敬業反武

武則天的第一個反對者 ·

　　武則天登上皇位之後，許多人都十分不滿，其中反抗最激烈的，是一個叫徐敬業的人。

　　徐敬業是率兵打敗突厥的功臣徐世勣的孫子。因為父親去世得早，徐敬業很早就繼承了祖父的爵位。他能力很強，在眉州當官的時候，聽說當地有土匪出沒，很多人都勸他小心提防，他反而親自來到土匪的營地，對他們說：「我知道你們當強盜都是被貪官污吏逼迫的，我現在給你們機會做回好人，都散了吧！現在還不走的人，可就是真的土匪了。」那些土匪聽他說完，沒多久就紛紛散去了。

　　本來照這樣發展下去，徐敬業的前途一片大好。偏偏唐高宗李治駕崩的那一年，武則天作為太后臨朝稱制，把徐敬業貶官了。剛巧，他有一羣志同道合的朋友都因各種原因被貶官。他們經常聚在一起，講述各自的遭遇，痛恨武則天的專權，越說越生氣，最後決定共同起兵，「造」武則天的「反」。

　　這羣朋友裏面有一個人叫駱賓王，文采特別好，大家在語文課上肯定學過一首叫《詠鵝》的詩，就是駱賓王寫的。他也是「初唐四傑」之一。他為了幫助徐敬業拉攏人心，特地寫了一篇文章叫《為徐敬業討武曌（zhào，粵音照）檄（xí，粵音瞎）》。武曌是武則天給自己起的名字。

　　這篇文章把武則天臭罵一頓，大概意思是說，那個竊居帝位的武氏，出身貧寒低賤，她從前侍奉太宗，等太宗晚年又和太子好上了，她隱瞞了和先帝的私情，暗地裏謀求在後宮的寵幸，終於登上皇后的寶座，陷皇帝於禽獸境地。文章列舉了武則天的各種罪行，說她包藏禍心，圖謀竊取帝位；幽禁皇帝的兒子，任用武氏宗族，先帝墳墓上的黃土還沒乾，成年的孤兒現在哪裏？最後說，試看今日國家之內，究竟是誰家的天下！

　　這篇文章寫得非常好，流傳很廣，連武則天聽說後都特意找來，讓人

讀給自己聽。據説武則天聽到檄文中的一句「一抔（póu，粵音pau4）之土未乾，六尺之孤何託」時，還不禁歎惜説：「這麼一個大才，卻沒有進朝廷當官，這是宰相的過失啊。」

駱賓王的檄文很快就在天下激起了強烈反響。一時之間，徐敬業的軍隊迅速擴張到十萬人。軍師魏思溫建議他直接進攻東都洛陽，好讓百姓看到他反對武則天、擁護李唐王朝的決心，這樣天下各州縣都會起兵響應。

可徐敬業其實私心很重，他雖然打着擁護李唐王朝的旗號，心裏想的卻是自立為王。於是他聽了另一個謀士薛仲璋的話，決定先攻打潤、楚兩個州，打算搶一塊地盤，先過一把皇帝的癮。魏思溫堅決反對，他説：「崤山以東的豪傑們因為武氏專權，心中都憤憤不平，聽説您起事，都趕緊蒸麥飯當乾糧，舉起鋤頭當武器，等待您大軍的到來。您不趁這種形勢建立大功，反而退縮起來，只求建造自己的小巢穴，遠近的人聽到了，哪有不人心離散的！」

徐敬業還是不肯聽他的，仍然堅持渡過長江去攻打潤州。魏思溫於是感歎：「兵力合在一起就強大，分散就會削弱，徐敬業不合力去奪取洛陽，失敗就在眼前了！」

徐敬業起了兵，武則天也開始應對了。她雖然欣賞駱賓王的文才，可是不能容忍徐敬業反對自己，於是找宰相裴炎商量。裴炎勸她説：「現在皇帝已經長大了，您還不讓他執政，這就是給別人藉口反對您。只要您把權力還給皇帝，徐敬業的叛亂自然會平息。」武則天聽了這話很生氣，覺得裴炎和徐敬業他們一樣，是在藉機逼自己下台。她下令把裴炎關進監獄，又派出三十萬大軍去平亂。

武則天的應對非常高明，她故意派出宗室大臣李孝逸領兵，這樣做等於告訴全天下，自己才是擁護李唐王朝的人，徐敬業是叛逆。

李孝逸來討伐徐敬業，一開始連吃了好幾次敗仗，李孝逸非常頭疼，甚至考慮撤軍。後來手下給他出主意説，現在他們處於順風的位置，草木又乾燥，可以採用火攻。李孝逸聽取了他們的意見，趁着起風的時候放起了火。徐敬業的軍隊這時候與李孝逸的軍隊已經相持了很久，士兵們本來就很累了，再一遭遇火攻，立刻大敗。

徐敬業只好倉皇撤退，準備從海路逃往高麗。可是還沒等逃跑，他的手下就殺了他，砍下他的人頭獻給武則天。駱賓王、魏思溫也都被殺了。武則天又下令挖掘了徐家的祖墳，這場叛亂就這樣平息了。後來，越王李貞、琅琊王李沖這兩位唐朝宗室也起兵反對武則天，同樣被平定，武則天進一步鞏固了自己的統治。

殿試的由來

前面我們介紹了科舉制度，它是古代選拔人才的重要途徑。武則天登基後，為了體現出她對人才的重視，創立了殿試，又稱「御試」、「廷試」等。它的做法是，考生通過前面的考試後，可以到洛陽宮城的紫微城參加殿試，由皇帝親自出題考查考生的學問，通過殿試者即為進士，第一名則被稱為狀元。如今我們常說的狀元就是這樣來的。殿試制度從武則天起一直被沿用至清朝。

當時的世界

678 年，阿拉伯帝國再次入侵君士坦丁堡，東羅馬帝國使用一種叫作「希臘火」的火焰噴射武器擊退了敵人。684 年，徐敬業起兵反武，不久遭到鎮壓。這場短暫的叛亂並沒能阻止武則天稱帝的步伐。

一代名臣狄仁傑

桃李滿天下 ●●●●●●●●●●●●

　　大家都聽說過「桃李滿天下」這句話，形容老師教出了很多優秀的學生。不過你知道這句話的出處嗎？

　　它最早是用來形容唐代名臣狄仁傑的。在電視劇裏，狄仁傑是一位古代神探，其實真實的歷史上是沒有那些斷案的故事的，狄仁傑的本職工作是當宰相。

　　狄仁傑從小就與眾不同。有一次，有人舉報他家裏有人犯罪，縣官上門來審問，家裏人都在向縣官申辯不是自己做的，只有狄仁傑自顧自地在看書，就當縣官不存在一樣。縣官覺得狄仁傑故意輕視自己，質問他：「你為甚麼不理我？」狄仁傑一邊看書，一邊悠悠地回了一句：「我正在和書裏的聖賢對話呢，哪裏有時間理你們這些世俗的官吏！」

　　長大以後，狄仁傑順利通過科舉考試，當上了官。他起初的職位只是一個汴州判佐，但由於能力出眾，不斷受到提拔，一直做到豫州刺史。擔任大理寺丞期間，他更是在一年之內解決了大量積壓案件，涉及一萬七千多人，卻沒有一個人喊冤。狄仁傑從此名聲大噪。這就是電視劇《神探狄仁傑》的歷史背景。

　　正因為狄仁傑的突出才幹，武則天非常器重他，把他任命為戶部侍郎，還加封他為宰相。後來，狄仁傑得罪了酷吏來俊臣，來俊臣誣告狄仁傑謀反，把他關進了牢裏。來俊臣之前整治陷害過很多忠臣，他知道狄仁傑一向很耿直，以為這次狄仁傑肯定會寧死不屈，他已經做好了用刑的準備，連各種酷刑的花樣都想好了。沒想到，狄仁傑當場就認罪了，來俊臣又驚訝又得意，原來狄仁傑之前的名聲是假的，鬧了半天他膽子這麼小啊！從此不再防備狄仁傑了。

　　來俊臣沒想到，自己被狄仁傑騙了。狄仁傑知道，自己硬扛是扛不住各種酷刑的，但大唐律法規定，受審時如果立即承認謀反罪名，就可以避

免受刑。所以他乾脆認下來，先保住性命，再等待機會反擊。

　　來俊臣放鬆戒備後，狄仁傑就拆開自己的被子，撕下一塊被面，把自己被冤枉的事情一五一十寫在上面，又把被面藏進棉衣裏。這時候正好開春，狄仁傑對獄卒說：「天氣暖了，這套棉衣我也用不上，請把它送回我家吧。」獄卒把棉衣送回狄家，他的兒子狄光遠從棉衣裏找到冤書，趕緊拿給武則天看，武則天又把來俊臣叫來質問。

來俊臣沒想到狄仁傑還有這一手，可他不知做過多少陷害忠良的事，良心早就被狗吃了，所以一點也不慌，信誓旦旦地說：「我並沒有對狄仁傑用刑逼供，一根頭髮絲都沒動，如果他是清白的，他為甚麼要認罪？」

武則天又把狄仁傑從監獄裏放出來，問他既然沒罪，為甚麼要招供？狄仁傑說，我要是不承認，早就死於酷刑了。好在這回武則天查明真相，赦免了狄仁傑。

輔佐武則天的那些年，狄仁傑不僅認真做好自己的本職工作，還積極地為武則天舉薦人才。有一次，武則天問狄仁傑，有沒有適合當宰相的人才，狄仁傑推薦了張柬（jiǎn，粵音簡）之。武則天便提拔張柬之為洛州司馬，本以為狄仁傑會很滿意，不料狄仁傑卻說，我所推薦的張柬之是可以做宰相的，不是用來做一個司馬的。武則天哭笑不得，隨後就任命張柬之為秋官侍郎，掌管全國的法律、刑罰。張柬之上任後，果然政績斐然，不久就被升為宰相。

另一次，兩個契丹將領李楷固、駱務整向唐朝投降了，因為之前他們多次打敗唐軍，很多人都恨他們，大臣就建議武則天把這兩個人殺了。狄仁傑卻請求武則天赦免他們，認為這兩個人驍勇善戰，如果饒恕他們，他們一定會感恩戴德，為唐朝效力。武則天聽了狄仁傑的話，結果士兵們真的在這兩個契丹人的帶領下，一舉掃平了契丹。

中唐時期赫赫有名的許多重臣：桓彥範、敬暉、竇懷貞、姚崇等，全是狄仁傑的門生。其中，姚崇成就最大，他後來成為唐玄宗時期的宰相，輔佐唐玄宗開創了「開元盛世」。

這些大臣都十分欽佩狄仁傑，把狄仁傑看作他們的老前輩。有人對狄仁傑說：「天下桃李，都出在狄公的門下了。」這便是桃李滿天下的由來。

後來，武則天想把姪子武承嗣立為太子，狄仁傑勸她說：「陛下要是立兒子為太子，那麼您死後可以被供奉在太廟裏。可如果立姪子當太子，我沒聽說過哪位皇帝會把姑姑供奉在太廟裏！」武則天有些不高興，說：「這是我的家事，你不要管。」狄仁傑又說：「四海之內全是陛下的領土，所以四海之內都是陛下的家事。幫陛下治理天下是我的本分，這件事又怎麼能不干涉呢？」武則天終於被狄仁傑說服，將廬陵王李顯立為太子。這

樣一來，唐朝宗室得以重掌天下。

　　狄仁傑一直活到九十三歲。武則天很敬重狄仁傑，把他稱為「國老」。狄仁傑去世後，武則天追封他為文昌右相，還常常歎息說：「老天為甚麼這麼早奪走我的國老啊！」

唐三彩

　　唐三彩是低溫釉陶器的統稱，因為盛行於唐代，又以黃、綠、白三色為主，所以得名。製作唐三彩時，先用白色的黏土燒製成素胎，再塗上各種釉料進行二次燒製，出窯後的陶器即呈現不同的色彩，再由工匠描摹眉眼等細節。常見的唐三彩以馬、駱駝等動物造型居多，還有仕女、樂人在駱駝背上的造型。

當時的世界

　　697 年，狄仁傑再次出任宰相，他在任期間治國輔政，為唐朝的繁榮做出了卓越的貢獻。同年，日本女天皇持統天皇讓位於皇太子。讓位後，她仍然輔佐其處理政務，並在 701 年仿效唐律制定了《大寶令》，進一步鞏固中央集權。

請君入甕

作繭自縛的酷吏

提到愛打小報告的同學，大家都不會喜歡。可是歷史上有些皇帝為了更有利於自己的統治，偏偏會鼓勵告密。武則天就是這樣。

當上皇帝後，武則天自己也知道，無論自己怎麼努力治理國家，那些反對者永遠也不會與自己和解，私底下搞的陰謀也絕不會少。為了搞清有哪些人是反對者，武則天創立了一種告密制度，不論官吏還是百姓，人人都可以參與，甚至可以直接向她告密。地方官吏遇到有人告密，也不許自己查問，要替告密的人備好車馬，專門護送到宮中，由她親自召見。告密的內容如果是真的，告密者可以馬上做官；如果是假的，也不會被追究責任。

這道命令一發佈，全國上下一片嘩然。很多心術不正的人歡呼雀躍，覺得找到了一條升官發財的捷徑；忠厚老實的卻人人自危，擔心不知甚麼時候就要被誣陷。

　　很快，朝廷上下就興起了一股告密的風氣。武則天派官員專門負責審查這些告密的內容，其中就有一個叫索元禮的官員非常兇殘，被舉報的人不管是真有罪還是清白無辜，也不管有沒有證據，只要落到他手裏就算完了，他有的是辦法屈打成招。據說索元禮發明過一種酷刑，把一炷香點燃，然後扯着疑犯的耳朵一點點靠近，疑犯要是不招，就把這炷香伸進耳朵裏。一般人到這一步已經被嚇得半死，哪怕沒罪也只能認了。

　　這還沒完，索元禮還會繼續逼疑犯供出「同黨」，疑犯要是不肯說，就繼續用刑。所以疑犯為了逃避眼前的酷刑，只能胡編亂造假口供，隨便供出一些人。這樣，索元禮往往審問一個人就能牽連到幾十、幾百個人，牽連的人越多，案子就越重大。他再把這誇大了好多倍的案情匯報給武則天，從而讓武則天覺得自己能幹。

　　索元禮發達了，其他官員看得眼紅，也紛紛模仿他，其中有兩個人比

索元禮還要心狠手辣，後來甚至成了「酷吏」的代表，他們就是周興和來俊臣。他們每人手下養了幾百個流氓，一天到晚去告密，只要他們認為誰有謀反嫌疑，就派人同時在幾個地方告密，還捏造出許多證據。

他們還想出各種酷刑，比如有一種酷刑叫「鐵圈籠頭」，把鐵絲做成圓圈，套在疑犯的頭上，疑犯不承認罪行，就用木頭往鐵圈裏撬，直到疑犯腦漿迸裂。他們審訊的時候，只要先把這些刑具一擺，大部分疑犯就都嚇得魂飛魄散，直接招認了。就這樣，周興前後殺了幾千人，來俊臣毀了一千多個家庭。來俊臣甚至專門編了一本《羅織經》，總結自己是怎樣羅織罪名的。

周興、來俊臣害死的無辜者越來越多，可這種人壞事做多了，遭報應是早晚的事。這天，終於有人告密告到了周興的頭上。武則天得知後也暗自吃驚，給來俊臣祕密下令，讓他審問周興。

正巧，來俊臣當時正在和周興喝酒，他看完武則天的密令，把密令往袖子裏一塞，表面上仍然裝成沒事人一樣，繼續和周興談笑風生，心裏卻暗暗打起了主意。

聊了一會，來俊臣把話題轉到他們的差事上，故意問周興：「我最近新抓了一批犯人，骨頭特別硬，甚麼酷刑都用上了，還是不肯老實招供，你有甚麼辦法？」

周興喝高興了，想也沒想就回答說：「這還不好辦？你找一個大甕，把犯人塞進甕裏，外面用炭火慢慢烤着，這樣還會有人不招供嗎？」

他這話一出口，來俊臣連聲叫好，馬上吩咐手下這樣做。周興看他們抬來一口大甕，又在下面點上火，正納悶呢，來俊臣說明了本意：「有人告發你謀反，上邊命我嚴查，現在請您鑽進甕裏吧！」這就是成語「請君入甕」的由來。

周興一聽，當場嚇得癱倒在地，他整了一輩子人，從來都是給人用酷刑，自己哪受過酷刑？趕緊跪倒在地，像搗蒜一樣磕頭求饒，無論做過還是沒做過的壞事，都一口氣承認了。來俊臣馬上給他定了死罪，上報武則天。

武則天覺得，周興替自己做了不少髒活，也算有功勞，於是赦免了死罪，只把他革職流放到嶺南（今廣東、廣西）。但周興畢竟冤家太多，他

剛走到半路，就被人殺掉了。後來，武則天又找了個藉口殺了索元禮，只留下一個來俊臣。

來俊臣又囂張了五六年，殺害了無數官員百姓，就連宰相狄仁傑也被他誣告謀反，關進監獄，差點被整死。據說那些年，人們聽到「來俊臣」這三個字就怕得要命，夜裏小孩子哭鬧，只要聽到來俊臣的名字，就不敢再哭了。

到了後來，來俊臣越來越得意忘形，居然告密告到武則天的姪子武三思、女兒太平公主頭上了。他忘了，自己再得寵也不過是個外臣，和武則天關係再親也親不過她的家人。武三思、太平公主馬上反擊，把來俊臣的老底全都揭發出來。武則天本來還想留他一條狗命好繼續為自己咬人，可畢竟民憤太大，只好下令把他斬殺。

來俊臣被斬首那天，刑場上圍滿了老百姓，大家都拍手稱快，互相祝賀，說：「從現在起，我們夜裏終於能安心睡覺了！」

知識加油站 制度

三省六部制

唐朝在隋朝五省六曹制的基礎上，將五省簡化為三省，保留內史省、門下省和尚書省，將尚書省下轄的民部改為戶部。為了避免三省辦事時互相推諉（wěi，粵音毀），三省長官定期在門下省開會議事。唐高宗時期，會議改到中書省，這裏逐漸成為宰相的辦事機構。

當時的世界

697年，武則天下令處死來俊臣，並將其黨徒流放嶺南，結束了持續十四年的「酷吏政治」。698年，東羅馬帝國海軍統帥提比略敗給阿拉伯人，回國後圍攻君士坦丁堡，篡位成為東羅馬帝國皇帝。幾年後被復位的查士丁尼二世處決。

韋后東施效顰

武則天的模仿者

武則天晚年，宰相張柬之等大臣聯手發動了一場「神龍政變」，武則天被逼退位，短暫的武周王朝宣告結束，皇位落到了太子李顯手中，這就是唐中宗。

李顯是武則天的三兒子，早年當過皇帝，但只在位五十五天就被武則天廢掉，貶為盧陵王，流放到偏遠的房州（今湖北省房縣）。當時李顯的妻子韋氏已經懷了孕，但還是得一同前往。

這一路他們走得非常艱辛，更要命的是，快到房州的時候，韋氏突然就要臨產。當時隨行的人員不多，李顯非常慌張，好在韋氏最後還是順利生下一個女兒。夫妻倆手忙腳亂地用自己的衣服裹住女兒，後來還給這個女兒起了個小名叫「裹兒」，這就是後來的安樂公主。

在房州的那些年，李顯和韋氏的感情非常深厚，李顯有過很多艱難時刻，都是在韋氏的鼓勵下挺過去的。他也因此暗自發誓，日後要是能東山再起，一定要加倍對妻子和女兒好。

他們足足流放了十幾年，好不容易熬出了頭。武則天年紀越來越大，身體也越來越差，她知道再不想放權也沒辦法了，最終在狄仁傑等官員的勸說下，把皇位重新傳給兒子李顯。這一年是 705 年，武則天已經八十二歲了。

李顯重新當上了皇帝，他又把韋氏立為皇后。剛過了兩個月，武則天就去世了，唐中宗終於擺脫了束縛。可是萬萬沒想到，很快就又有一個女人來管他了，這就是韋后。唐中宗對韋后算得上百依百順，韋后曾要求把自己的父親韋玄貞追封為王，大臣們激烈反對，因為歷朝歷代都沒有給外戚封王的道理，唐中宗卻非常痛快地答應了。

對於女兒安樂公主，唐中宗也是有求必應。安樂公主有甚麼要求，經常自己先寫好文書，然後用手蒙住，讓李顯直接在下面蓋章。大家可以想像一下，要是自己考試沒考好，卻蓋住試卷的分數，讓父母不看成績就直接簽名，父母能同意嗎？可唐中宗還真就直接蓋章，可見他對女兒溺愛到了甚麼程度。

然而，唐中宗的百般寵愛並沒有換來妻子和女兒的感恩，她們反而得寸進尺，覬覦起皇位來了。原來，韋后一直很崇拜武則天，處處都想模仿武則天，如今有了唐中宗的寵愛，她更開始想像有朝一日像武則天那樣成為皇帝，號令天下了。

為了實現這個夢想，韋后悄悄開始了各種運作。當時武則天的姪子武三思在朝中權力很大，韋后為了拉攏他，把女兒安樂公主嫁給了武三思的兒子，就此結成了一個關係緊密的利益集團。由於宰相張柬之等大臣一直擁護唐中宗，韋后、武三思又想方設法除掉了他們，逐漸把持起朝政。

這時候，太子李重俊看不下去了。李重俊不是韋后親生的兒子，安樂公主平時還經常羞辱他，韋后集團的專權更是嚴重威脅到太子的地位，所以無論於公於私，李重俊都想除掉他們。他暗地裏佈置好人手，找機會突然進攻武三思，殺了武三思全家，之後又帶兵衝入宮中，準備連韋后和安樂公主也殺掉。

韋后聽到這個消息，趕緊和唐中宗逃向玄武門，又招來羽林軍護駕。唐中宗從玄武門樓上喊話：「你們都是我的衛士，為甚麼要作亂？」勸說他們放棄兵變。結果叛軍們還真臨陣倒戈，李重俊只好逃跑，沒多久就被殺了。

這樣一來，武三思死了，太子李重俊這個威脅也沒了，韋后和安樂公主變得更加肆無忌憚。前面講過，武則天曾經和唐高宗一起上朝，如今韋后也模仿起「二聖臨朝」，和唐中宗一起上朝。後來唐中宗去世，韋后馬上掌控了朝政，她把唐中宗的第四個兒子李重茂立為皇帝，自己做皇太后。她把好多韋氏家族的人提拔重用，佔據了很多要害職位，然後緊鑼密鼓地為自己登上皇位做準備。

可是，韋后終究沒有武則天的那份才能，也根本擺不平朝中所有的勢

力。她當上太后沒多久，另一位宗室子弟李隆基就聯合太平公主，剿滅了她與安樂公主一夥，擁立自己的父親、武則天的第四個兒子李旦為皇帝，這就是唐睿宗。唐睿宗即位沒兩年，就把皇位傳給了李隆基，他正是後來開創了「開元盛世」的唐玄宗。

昆明池與定昆池

安樂公主曾向中宗索要昆明池作為私家池沼。昆明池位於長安城西南，始建於漢武帝時期，唐朝多次修繕引水，以保持其原貌，其總面積約為 3.32 平方公里。昆明池屬皇家所有，從沒有賞賜給誰的先例，所以中宗拒絕了公主的請求。安樂公主一氣之下搶奪百姓的莊園，微召大量工匠開鑿了定昆池。定昆池佈置更加奢華，隱隱有勝過昆明池的意味。

當時的世界

710 年，「韋后之亂」。711 年，阿拉伯人把阿拉伯數字傳到歐洲，逐漸在各國流傳開來，成為世界各國的通用數字，推動了人類文明的發展。

口蜜腹劍的李林甫

瞞騙皇帝誰也比不過他 ....·····

　　大家有沒有見過當面一套、背後一套的人？這樣的人在人前往往顯得特別親熱，背後卻悄悄算計別人。成語「口蜜腹劍」就是形容這類人的，而這個詞最早說的是唐朝宰相李林甫。

　　李林甫生活在唐玄宗時期。唐玄宗李隆基早年勵精圖治，一手開創了歷史上有名的「開元盛世」。但是到了後期，他越來越安於現狀，不僅懶得處理朝政，還喜歡聽阿諛奉承的話。這也讓李林甫這樣的人看到了機會。

　　李林甫當時還是個小官，但他非常善於察言觀色、逢迎拍馬。他打探到唐玄宗當時最寵愛武惠妃，就想辦法去拜見她，鞍前馬後地為她忙碌；同時又巴結玄宗最親近的宦官高力士。就這樣，武惠妃和高力士都在唐玄宗面前說李林甫的好話，再加上李林甫也格外擅長表現，很快，他就取得了唐玄宗的信任。在這之後，李林甫更注重和宮人們搞好關係，唐玄宗在宮中有甚麼動靜，他都先仔細了解，無論唐玄宗找他商量甚麼事，他都能對答如流，簡直跟唐玄宗想的一樣。

　　這樣一來，唐玄宗冒出了重用李林甫的念頭。當時唐朝的宰相有好多

位，唐玄宗想讓李林甫也當宰相，便和老宰相張九齡商量。張九齡馬上反對說：「宰相的地位關係到國家的安危，李林甫這人不正派，陛下可不能讓他做宰相啊！」可這時的唐玄宗已經被李林甫哄得團團轉，他不顧張九齡的勸阻，還是讓李林甫做了宰相。

李林甫也知道張九齡反對自己當宰相的事，他一直為此懷恨在心，整天盤算怎麼擠掉張九齡。有一次，武惠妃跑去向唐玄宗告狀，說太子在背地裏說唐玄宗的壞話，還要陷害自己。唐玄宗一聽就發火了，把張九齡和李林甫兩個宰相都召來，和他們商量要廢掉太子。

張九齡了解太子忠厚的秉性，就對玄宗說：「太子一向規矩，從來沒

犯過甚麼錯。怎麼能無憑無據地廢掉太子呢？」說完還給李林甫使了個眼色，意思是讓他也跟着說兩句，勸唐玄宗不要太衝動。

誰知李林甫假裝沒看見，仰頭盯着房頂，最後還很認真地來了句：「這是陛下的家事，理應由陛下自己做主才是。」

張九齡肺都要氣炸了，唐玄宗聽了卻非常滿意。後來他到底還是廢掉了太子，並開始疏遠張九齡，親近李林甫。最後，唐玄宗乾脆罷免了張九齡，讓李林甫獨攬大權。

李林甫得意非凡，他把朝中負責提意見的大臣都召集起來，對他們說：「皇帝比我們英明多了，我們做臣下的只要按皇帝的意旨辦事就足夠了，用不着七嘴八舌提甚麼意見。」說完他還威脅大臣們：「各位看見宮廷裏養的那些馬了嗎？他們吃的可是上等的草料，只要一直乖乖的，就一直有這種好待遇，但是如果哪匹馬突然嘶叫起來，立馬就會被拉出去宰了。」

大臣們聽了，你看看我，我看看你。有人不信邪，照常給唐玄宗提意見，第二天就接到命令，被降職到外地去做縣令。大家知道這是李林甫的意思，以後誰也不敢向玄宗提意見了。

堵住大臣們的嘴之後，李林甫仍不放心，時刻擔心會有其他人威脅到自己的地位。他表面上對誰都是笑臉相待，但只要認定誰比自己有才幹，他一定會背地裏悄悄整治對方。有一次，唐玄宗在樓上看到兵部侍郎盧絢騎馬從樓下經過，顯得風度翩翩，就隨口誇讚了幾句。李林甫得知後，第二天就把盧絢降職為華州刺史。

另一位官員嚴挺之被李林甫排擠在外地當刺史，後來唐玄宗想重新起用他，李林甫故意找來嚴挺之的弟弟，讓他勸嚴挺之上一道奏章，藉口生病，請求回長安看病。嚴挺之不知是計，果然上了這樣一封奏章。李林甫又拿着奏章去見唐玄宗，說：「嚴挺之現在得了重病，不能當官了。」唐玄宗覺得挺可惜，也就不提這事了。

還有一次，李林甫自告奮勇替唐玄宗選取賢才，卻又暗自吩咐所有考官，一個人都不准錄取。考試結束後，他又裝模作樣地對唐玄宗說：「這次考試沒有一個人符合條件。這是好事，說明全天下的人才都已經收羅進宮裏，民間已經沒有遺留的賢才了。」唐玄宗還真信了。這句話後來引申

出一個成語「野無遺賢」。

　　李林甫當了整整十九年宰相。在他的專權下，正直能幹的大臣都被排斥，善於攀附權貴的小人佔據了要職，這也讓唐朝逐漸失去開元年間的活力，上至唐玄宗，下至百姓，都變得不思進取。更要命的是，李林甫為了避免有大臣掌握兵權，便向唐玄宗提議重用胡人將領，他說這些胡人將領驍勇善戰，卻又不識漢字，所以只能打仗，不會把持朝政。唐玄宗也以為這是個好主意，就同意了。沒想到，這個舉動卻埋下了禍根，胡人將領安祿山由此得以執掌兵權，並發動了長達八年的「安史之亂」，也使唐王朝從此由盛而衰。

翰林院

　　唐高祖李淵在位時，設立了翰林院，負責招納各類人才，為皇帝服務。到了唐玄宗時期，翰林院主要選拔文筆好的大臣，來負責起草詔書。這些人被稱為翰林供奉。後來，唐玄宗又設立了翰林學士院，將有學問的官員選拔進去，稱為翰林學士，簡稱翰林，相當於皇帝身邊的祕書。到了唐朝末年，翰林學士院取代了原來的翰林院。我們知道的張九齡、白居易都做過翰林學士。翰林學士院給了天下文人學子一條出仕的途徑，但也箝制了他們獨立思考的能力。

當時的世界

　　734 年，李林甫與張九齡等人一同擔任宰相。李林甫獨任宰相期間，嫉賢妒能，重用胡將，削弱了朝廷的有生力量，是引發「安史之亂」的原因之一。737 年，法蘭克國王去世，宮相查理·馬特沒有設立新的國王，而是自己直接管理國家。他在任期間，成功地抵禦了阿拉伯人入侵西歐，在國內推行采邑制，加強了王權。

中日文化交流

高僧竟是「偷渡慣犯」

前面講了玄奘西行取經的故事，不過大家知道嗎，除了玄奘，唐朝還有一個非常勇敢的和尚，也為了佛法歷經千辛萬苦，去到了一個遙遠的地方。他就是促進中日文化交流的重要人物——鑒真。

鑒真原來姓淳于，十四歲在揚州大明寺出家，從此有了「鑒真」這個法號。他每天都刻苦學習，二十六歲就成了精通佛法的大師。之後三十年，鑒真一直在江淮地區講學，在那一帶名聲大噪。

後來，鑒真的名氣傳到日本遣唐使榮睿和普照的耳朵裏了。當時唐朝經濟強盛、文化繁榮，比日本先進很多，日本非常嚮往中國文化，於是派出很多使者來唐朝學習，這些使者就叫遣唐使。

遣唐使們學習的內容涉及方方面面，大到政治經濟制度，小到衣食住行、生活方式。榮睿和普照就是專門來學習佛法的，他們同時擔負着一個任務：邀請中國高僧到日本傳授佛法。聽說了鑒真的名聲後，他們趕忙去拜見他。

這時候的鑒真已經五十五歲了，住在揚州的大明寺，他的徒弟當中光是有名氣的就有三十多人。聽完榮睿、普照的來意之後，鑒真很高興，覺得這是弘揚佛法的好機會。他認為派徒弟們去日本就可以了，於是當場詢問大家，誰願意去。

沒想到，所有的徒弟都一聲不吭，鑒真又問了一遍，終於有個徒弟開口了：「日本太遠了，還要渡過茫茫大海，實在是太危險了！」

鑒真沒有想到徒弟們會這樣回答，他沉默了一會，說：「既然這樣，我去吧。」徒弟們紛紛阻攔，鑒真卻說：「為了弘揚佛法，我又怎麼會憐惜自己的性命呢？」這下徒弟們又感動又羞愧，也紛紛表示願意隨行。

鑒真答應之後，很快就着手準備船隻、乾糧等必需品。第二年春天，他就帶着徒弟們開始了第一次東渡。然而現實遠比想像的要艱難，接下來的幾年裏，他們連續四次渡海都失敗了。

第一次的失敗還有些陰差陽錯。船隻正要出海的時候，鑑真的徒弟道航和另一個和尚如海吵了起來，如海惱羞成怒，就向官府誣告，說道航他們是海盜的同夥。偏偏那一帶海域當時剛好有一羣海盜在肆虐，官府正在嚴查。地方官一聽這個報告，心說那還了得？立刻下令把鑑真等人抓起來，結果鑑真他們被關了足足四個月，官府才查明真相，把他們無罪釋放了。可這時候已經錯過了最好的出海季節，只能等明年了。

　　第二次出海更加倒霉，他們在海上遭遇了暴風雨，巨大的海浪撞破了船，他們只好停下來修船；之後又遇到大風浪，又停留了一個月；重新出發之後更是倒霉，船隻直接觸礁了，鑑真他們好幾十人都被困在一座孤島上，又渴又餓地忍了很多天，總算被官船解救，送回陸地。

　　第三、第四次出海，鑑真都遭遇了阻撓，一次是越州僧人為挽留鑑真，故意向官府告發，說榮睿是要把鑑真騙去日本，結果官府把榮睿投進了大牢，榮睿靠裝病逃了出來。另一次，鑑真想繞道福州出海，沒想到剛走到溫州就被截住，原來是弟子擔心師父的安危，求官府阻攔，再次失敗了。

　　即便是失敗了這麼多次，鑑真還是不肯放棄。748 年，他帶着十四名僧人、三十五名工匠和水手，又開始了第五次東渡。這是最悲壯的一次，他們在海上遇到了狂風，根本沒法掌控船隻的方向，只能隨波逐流，就這樣在海上漂泊了十六天，糧食吃光了，淡水也喝光了，終於看到了陸地，沒想到他們漂到了今天的海南三亞。從陸路回去的路上，榮睿病死了，鑑真眼睛也出了毛病，最後甚至雙目失明。

　　在這樣沉重的打擊下，鑑真仍然不肯放棄，又開始了第六次出海。相傳他們的船隊正要起航時，一隻野雞突然落在船頭。鑑真並不當回事，但同行的日本遣唐使藤原清河卻覺得這不是好兆頭，下令船隊掉頭返回港口，第二天再重新起航。

　　總算皇天不負有心人，這第六次的旅途非常順利，鑑真終於帶着大批佛經成功抵達日本九州島。之後，他在日本傳授佛法，主持各種重要的佛教儀式，成為日本佛學界的一代宗師。

　　不光如此，鑑真還指導日本醫生鑑定藥物，帶去了唐朝的建築技術和

雕塑藝術，更設計和主持修建了唐招提寺，這座寺院一直保存至今。鑒真去世後，弟子們還為他做了一座雕像，至今仍供奉在寺中。

由於鑒真把中國文化全方位地介紹給日本人民，對日本的佛學、醫藥學、建築、書法等許多領域都做出了巨大貢獻，日本人民親切地稱呼他為「過海大師」，還稱呼他為「天平之甍（méng，粵音萌）」，意思是，他的成就足以代表天平時代文化的頂峯。

唐代的關防制度 —— 衞禁律

玄奘西行和鑒真東渡都面臨一個現實問題，那就是在沒有獲得朝廷批准的情況下，他們的行為屬於偷渡出境，是違反關防制度的。關於關防制度，《唐律》中專門有一篇《衞禁律》做了詳細規定。《衞禁律》將非法出境分為「私度」、「越度」和「冒度」。「私度」是指沒有得到朝廷批准，私自過關，按照法規要判一年徒刑。「越度」是指繞過關口出境，這比「私度」罪名嚴重一些，要判兩年徒刑。「冒度」則是冒名頂替，拿着別人的許可證出關，如果被發現，許可證上的人和冒名的人都要判一年徒刑。之所以設立這樣的法律，主要是為了維護邊境的安定。

當時的世界

754 年，鑒真和尚歷盡艱險抵達日本。除了佛教，他還將唐朝的文化藝術、醫藥、建築等傳播到日本，促進了中日文化的交流與發展。法蘭克王國的國王丕平第一次出征意大利，趕走了入侵羅馬的倫巴底人，並在 756 年第二次出征後，將土地交給教皇統治，歷史上稱為「丕平獻土」。

唐玄宗與楊貴妃

皇帝的「長恨歌」 . . . .

　　相傳中國古代有四大美人，她們分別是西施、王昭君、貂蟬、楊貴妃。其中楊貴妃的故事和典故最多，這要從唐玄宗說起。

　　前面講過，唐玄宗即位初期非常有作為，他任用了很多賢能的人才穩定政局，完善律法，鼓勵百姓開墾荒地，設置專門的機構管理手工業，同時支持海外貿易。整個國家的社會經濟不斷發展，國家實力不斷壯大，各方面都呈現出空前絕後的繁榮局面，這就是「開元之治」。後來大詩人杜甫還寫詩稱頌：「憶昔開元全盛日，小邑猶藏萬家室。」然而唐玄宗步入晚年後，進取心漸漸消退，把朝政大權交給了奸臣李林甫，自己越來越沉迷於奢侈享樂。

　　737 年，唐玄宗最寵愛的妃子武惠妃去世了，五十二歲的唐玄宗每天都鬱鬱寡歡。這時候，他最信任的太監高力士給他推薦了一個女子，稱讚她天生麗質、善解人意，唐玄宗問這女子是誰，高力士說出了她的名字：壽王妃楊玉環。唐玄宗一聽，頓時猶豫了。

　　壽王李瑁（mào，粵音務）是唐玄宗自己的兒子，楊玉環也就是他的媳婦。唐玄宗猶豫的是，自己要是真搶了媳婦，李瑁恨死自己不說，天下百姓得怎麼笑話自己？可唐玄宗這時候當皇帝已經有很多年，在朝中說一不二，他也非常自以為是，覺得全天下都是自己的，要個女人怎麼了？最後，他還是找藉口把楊玉環召進了宮裏。

　　見到楊玉環的第一眼，唐玄宗就看呆了，再也移不開眼睛。楊玉環當然也看出了老爺的意思，可眼前畢竟是皇帝，她哪敢說個不字？後來，唐玄宗就經常找各種藉口祕密召見楊玉環，慢慢地，楊玉環也被唐玄宗吸引

了。她從小能歌善舞，唐玄宗本人也精通音律，兩人一個奏樂一個歌舞，配合格外有默契。到了後來，唐玄宗對楊玉環越來越着迷，連禮義廉恥都不顧了，決定把她從兒子身邊搶過來。

為了掩人耳目，唐玄宗也是煞費苦心。前面講過武則天，她先當過唐太宗的妃子，後來在感業寺出家為尼，又還俗成為唐高宗的妃子。如今楊玉環的經歷也有點相似。唐玄宗先是藉着為母親寶太后祈福的名義，下詔讓楊玉環離開李瑁，出家去當女道士，道號「太真」。過了五年，唐玄宗先把大臣韋昭訓的女兒嫁給李瑁作王妃，算作補償，緊接着就讓楊玉環還俗，正式封她為貴妃，終於把楊玉環接到了自己身邊。

有了楊玉環在身邊，唐玄宗好像一下回到了年輕的時候，他對其他宮人說：「朕得楊貴妃，如得至寶也。」他自己譜了一支《霓裳羽衣曲》，

經常讓楊貴妃跳這支舞；他還不時帶楊貴妃去驪山華清池泡溫泉。後來詩人白居易形容楊貴妃的得寵：「六宮粉黛無顏色，三千寵愛在一身。」

楊貴妃特別愛吃荔枝，但荔枝只在炎熱的嶺南生長，長安根本沒有，那麼遠的路，荔枝就算運過來也腐爛了。唐玄宗便讓人在嶺南採摘下荔枝之後，立刻用最好的馬以最快的速度運往長安，每到一處驛站就立即換馬，沒日沒夜地接力運送這批特供的荔枝，馬殘了就換馬，人倒了就換人，中間一刻都不許停留，就這樣花費了大量人力物力，終於把新鮮的荔枝送到了長安。後來詩人杜牧寫詩說：「一騎紅塵妃子笑，無人知是荔枝來。」說的就是這件事。

唐玄宗對楊貴妃的寵愛不斷升級，他把楊貴妃的父親、兄弟都封了高官，把楊貴妃的幾個姐姐封為夫人。其中楊貴妃的一個堂兄尤其得寵，他本來叫楊釗，但為了討好唐玄宗，主動把名字改為楊國忠。其實這個楊國忠一點也不忠於國家，他一直做到了宰相的高位，做的壞事比之前的李林甫還要多。他因為貪圖軍功，兩次發動對南詔國（今雲南省，國都為今雲南省大理市）的戰爭，卻都因為重用無能的將領而慘敗，楊國忠卻偽造軍報，謊稱大勝。有一年關中發大水鬧饑荒，楊國忠故意拿好莊稼給玄宗看，騙他說收成不受影響。唐玄宗信以為真，沒組織救災，導致很多災民都被淹死、餓死了。

一方面是唐玄宗不理朝政，只知和楊貴妃在一起玩樂，另一方面是楊國忠胡作非為。這樣一來，朝政一天比一天糜爛。這也讓范陽節度使安祿山生出了野心。755 年，安祿山以楊國忠專權誤國為理由起兵反叛，唐玄宗慌忙帶着楊貴妃、楊國忠逃向四川。

經過一個叫馬嵬（wéi，粵音危）坡的地方時，負責護衛的將士們憋了很久的怨氣終於爆發了，他們覺得事情鬧到今天這個地步，都是楊國忠、楊玉環兄妹造成的，紛紛要求處死他們，場面頓時混亂起來。

唐玄宗又是慌張又是為難，還沒來得及做決定，隊伍中一個叫張小敬的騎士率先一箭射中了楊國忠，其他將士看到有人帶了頭，全都精神大振，一下圍上去亂砍一通，把楊國忠剁成了肉醬。將士們仍然覺得不夠解恨，繼續逼迫唐玄宗處死楊貴妃。

唐玄宗當然捨不得楊貴妃死，他覺得楊貴妃雖然是楊國忠的妹妹，但是根本不知道楊國忠做的那些爛事，她是無辜的。可眼下將士們早就怒火中燒，根本不是和他們講理的時候。最後還是高力士勸他，此時要不殺死貴妃，恐怕很難平息眾怒，如果這些將士聯合起來造反，那可就真的完了。唐玄宗萬般無奈，只得交給楊貴妃一條白綾，讓高力士把她帶走縊死。楊貴妃含淚自縊，就此香消玉殞。

後來，詩人白居易把這個故事寫成了一首長詩，描寫唐玄宗在失去楊貴妃之後的痛悔心情，最後兩句是：「天長地久有時盡，此恨綿綿無絕期。」這也正是《長恨歌》這個名字的由來。

風靡唐代的貴族運動 —— 馬球

中國傳統的馬球又叫「擊鞠（jū，粵音菊）」，發明於漢代，流行於唐宋時期。馬球運動在球場內進行，參賽雙方騎馬，各執球杖，搶奪並擊打拳頭大小的木雕馬球，哪方把球擊入對方球門則算取勝。唐朝歷代皇帝都酷愛馬球，上行下效，一時間馬球成為貴族階層的時髦運動。

當時的世界

756 年，楊貴妃、楊國忠死於「馬嵬坡之變」，這是朝廷文武官員對楊國忠怨恨的集中爆發，卻難以挽回「安史之亂」造成的局面。757 年，位於不列顛的麥西亞王國，國王奧法即位。在他的治理下，王國變得非常強盛。

安史之亂
大唐的轉折點 · · · · · · · · · · · · · · · ·

　　前面提過，唐玄宗在位後期不理國政，放任李林甫、楊國忠等奸臣弄權，最終釀成了「安史之亂」，這也成為大唐王朝由盛而衰的轉折點。所謂「安史」，指的是安祿山和史思明這兩個胡人將領，其中安祿山更是關鍵人物。

　　安祿山是胡人，本來叫阿犖（luò，粵音洛）山，這個詞是戰鬥的意思。他長得身強力壯，滿臉鬍鬚，因為會說好幾個民族的語言，所以早年在市集上給人當翻譯，後來因為偷羊被捉住了，范陽節度使張守珪打算處

死他。這時候安祿山扯着嗓子喊：「您難道不想利用我消滅敵人嗎？殺了我多可惜！」

張守珪覺得這人不一般，別的不說，起碼膽子足夠大，於是放了他，還讓他和另一個胡人史思明一起從了軍，讓他們有了用武之地。安祿山打起仗來不要命，而且因為長期在邊關生活，非常熟悉當地的地形、民風，所以立了不少軍功，節節高升。張守珪非常欣賞他，甚至收他做了養子。

有一次，安祿山吃了敗仗，按軍法要被斬首。張守珪不忍心殺他，於是把他交給朝廷處置。本來宰相張九齡主張將安祿山斬首，但唐玄宗赦免了他。安祿山因此對唐玄宗感激涕零，從此費盡心思討好唐玄宗。他經常搜羅各種珍寶、異獸送入宮廷。唐玄宗喜歡聽打勝仗的消息，安祿山就騙一些異族的將士們來參加宴會，在酒席上灌醉他們再殺掉，割下首領的人頭獻給朝廷，謊稱這是前來侵犯的敵軍的首級。

唐玄宗喜歡西域傳來的「胡旋舞」，演員需要站在原地快速轉圈。安祿山雖然虎背熊腰，卻是跳這種舞的好手，唐玄宗每次看他跳舞都樂得不行。安祿山外表很粗獷，他故意在唐玄宗面前裝出憨厚的樣子。有一次，唐玄宗指着安祿山的大肚子開玩笑說：「這麼大的肚子，裏面裝的甚麼東西？」安祿山不假思索地回答說：「沒有別的，只有一顆對陛下的忠心。」

還有一次，唐玄宗召見安祿山，當時太子也在，安祿山卻故意只對

唐玄宗一個人行禮，冷落太子。有大臣覺得這樣很不禮貌，安祿山卻裝傻說：「我是胡人，以為天下只有陛下一個人，不知道還有太子。」這才裝作很不情願的樣子向太子行禮，唐玄宗非常高興。

後來，安祿山知道唐玄宗最寵愛楊貴妃，居然主動提出要認楊貴妃做乾媽。當時楊貴妃才二十九歲，安祿山已經四十五歲了，可唐玄宗居然同意了。從此，安祿山朝見唐玄宗時，如果楊貴妃也在場，那他一定會先拜見楊貴妃，再向唐玄宗行禮。唐玄宗覺得奇怪，就問他為甚麼這樣。安祿山又是裝得很憨厚地回答說：「我們胡人的禮節都是先拜母親、再拜父親。」

這樣一來，唐玄宗越來越喜歡安祿山，為他在長安造了豪華的府第，允許他隨意進出皇宮，更讓安祿山兼任了三個鎮的節度使，今天的整個河北地區都成了他的地盤。也是在這時候，安祿山有了野心，他祕密擴充兵力、囤積糧草，提拔了史思明等一批親信將領，又從各族的降兵中挑選了八千人，組成一支精兵，最後在 755 年起兵叛亂。

當時的中原已經很多年都沒發生過戰爭，百姓們安居樂業，沒幾個人知道戰亂的滋味，就連唐軍的戰鬥力都下降了很多。安祿山的叛軍幾乎沒有遭到甚麼像樣的抵抗，一路連戰連捷。

唐玄宗剛接到叛亂的消息，還以為是有人造謠，後來不斷接到軍報，才確信這是真的。他也慌了起來，派大將封常清臨時招募了五萬兵馬，前往洛陽阻擊叛軍。可是叛軍無論兵力還是戰鬥力都要強出許多，不到一個月就攻克了洛陽。他們在洛陽城裏燒殺劫掠，據説當時還下着雪，可由於叛軍殺人太多，血流成河，連地面的積雪都被還帶着體溫的鮮血融化了。

如果這時候朝廷應對得當，局面還是可以控制得住的。當時封常清眼看洛陽已保不住，於是向西退守到潼關，和另一位大將高仙芝會合。潼關地勢險要、易守難攻，只要堅守不出，叛軍就無法攻入長安。偏偏這時候，唐玄宗聽信宦官邊令誠的讒言，以打了敗仗為理由，賜死了封常清和高仙芝，起用了在家養病的老將哥舒翰。

哥舒翰在潼關堅守了半年，中原的百姓們也紛紛起兵反抗安祿山，情況逐漸好轉。可這時候，宰相楊國忠又懷疑起哥舒翰，一再主張主動攻打叛軍。唐玄宗也是求勝心切，硬逼着哥舒翰出關作戰。哥舒翰無可奈何，

只得領兵出關，結果被叛軍引誘到一處險要地帶，遭遇了埋伏，十八萬唐軍絕大部分都戰死了，只剩八千人逃了出去。叛軍緊接着開始攻打潼關，哥舒翰的部將為了活命，乾脆劫持他向叛軍投降，潼關失守了。

這下，長安城徹底暴露在叛軍面前，唐玄宗只得帶着楊貴妃、楊國忠逃向四川，於是有了前面提到的「馬嵬坡之變」。後來，太子李亨趁機自立為皇帝，這就是唐肅宗。唐玄宗管不了兒子，只能接受了退位的命運，當起了太上皇。

「安史之亂」打了七年多，中原大地滿目瘡痍，百姓死傷無數。造成這一切的元兇安祿山也沒好結果，他最後被兒子安慶緒殺死，安慶緒又被史思明殺死，史思明再被自己的兒子史朝義殺死。叛軍將領之間就這麼不斷地狗咬狗，兵力越來越少，勢力越來越弱，最後終於在 763 年的春天被徹底平定。開元、天寶年間的繁華盛世也隨着戰亂，化作過眼雲煙，唐朝不可避免地走向了衰落。

知識加油站 制度

節度使

節度使原是為管理和調度邊防兵力而設置的官職。因為唐朝疆域遼闊，一旦邊境發生戰事，從中央調兵費時費力，所以逐漸在邊疆屯兵，以便快速應戰。唐玄宗執政後期，節度使的權力一再擴張，擁有了管理地方人口、兵力、財政收入的權力，從而出現了節度使手握重兵，而中央禁軍薄弱，「外重內輕」的局面，為「安史之亂」的爆發和藩鎮割據埋下了隱患。

當時的世界

763 年，「安史之亂」結束，這場叛亂削弱了中央集權，從此唐朝進入了藩鎮割據的時代，國力日漸衰落。同一時期，阿拉伯帝國已經征服了印度的信德和旁遮普地區，大肆破壞佛教寺院，對印度佛教造成了毀滅性打擊。

唐詩的興盛

詩人們的黃金時代 ∙∙∙∙∙∙∙∙∙∙∙∙∙∙∙∙∙∙∙∙∙∙∙∙∙∙∙∙∙∙∙∙∙∙

　　唐玄宗在位前期的開元年間，是中國歷史上最著名的盛世之一，而且「開元盛世」還有個特點，不光是社會經濟發達，物質生活有保障，還湧現了非常多有才華的詩人，他們創作的無數唐詩，至今都是中國最寶貴的文化遺產和精神財富。

　　在這些唐代詩人當中，知名度最高、最有「偶像」氣質的，就要數李白了。

　　李白小時候就喜歡看書寫字，文采非常好。二十五歲那年，他開始遊歷天下的名山大川，不僅到過長安、洛陽、金陵、江都等許多大城市，還到過洞庭、廬山、會稽山等許多名山勝地，更留下了很多描寫美景的詩篇。這些詩想像奇絕瑰麗，比如寫長江三峽：「朝辭白帝彩雲間，千里江陵一日還」；描寫廬山瀑布：「飛流直下三千尺，疑是銀河落九天」；描寫蜀道：「爾來四萬八千歲，不與秦塞通人煙」。如今我們讀到這些詩，眼前就好像自動展現出一幅幅美麗的風景畫。

　　李白在長安的時候，見到了詩人賀知章。賀知章讀了李白的詩，對他讚不絕口，甚至激動地把李白比作從天上貶謫到人世的仙人，後來李白就有了「謫仙人」、「詩仙」的稱呼。

　　賀知章把李白的詩和文章拿給唐玄宗看，唐玄宗也很讚賞李白的才氣，把他召入宮中，甚至親自走下台階相迎，親手為李白調製羹湯。之後，唐玄宗把李白任命為草擬文告的翰林待詔，讓李白陪在自己身邊。

　　李白的志向一直是從政，看到皇帝這麼賞識自己也很興奮，以為從此就可以大展宏圖了。可他沒想到，唐玄宗只是讓他跟着吃喝玩樂，高興了就讓他當場寫首詩。

　　有一次，唐玄宗帶着楊貴妃在花園裏賞牡丹，突然來了興致，想讓李白寫首詩讚揚楊貴妃的美貌。高力士趕緊去找李白，李白卻不在住處。高力士又到長安城的各酒館裏逐一地找，總算找到了，此時李白已經醉得

不省人事。高力士搖醒他說明來意，李白大筆一揮，當場以《清平調》為題，連寫了三首詩，其中第一首第一句就流傳千古：「雲想衣裳花想容，春風拂檻露華濃。」這時候，李白甚至根本沒見過楊貴妃。

在宮中待的時間長了，李白覺得自己就是整天陪着皇帝的一個跟班，這樣的日子就算再好吃好喝，對他來說也沒甚麼意義。他性格又很狂放，看不起那些阿諛逢迎的權貴，曾經寫詩說：「安能摧眉折腰事權貴，使我不得開心顏。」相傳有一次寫詩，李白故意把腳往高力士面前一伸，讓他給自己脫靴，高力士不知所措，只好幫李白脫了靴。可這樣雖出了一時的氣，卻也得罪了高力士。高力士向唐玄宗說了李白的壞話，唐玄宗就更不肯讓李白當官了。

李白也看出自己沒甚麼當官的希望了，就向唐玄宗辭行，離開長安，重新遊歷天下。後來他在洛陽見到了杜甫，當時李白四十一歲，杜甫三十歲，李白已經名揚天下，杜甫還默默無聞。兩人各方面都相差很大，但卻非常投緣，經常在一起喝酒聊天。秋天的時候，他們又遇上詩人高適，三個人一起切磋詩文，更是有趣了。

「安史之亂」爆發後，李白和杜甫遭遇了不同的命運。當時唐玄宗逃到了四川，他的一個兒子永王李璘領兵與叛軍作戰，李白投奔了李璘，寫了好多稱頌他的詩。可是到了後來，太子李亨即位，這就是唐肅宗，他給李璘扣了個叛亂的罪名。李白之前寫的那些歌頌李璘的詩都成了罪證，他被判流放夜郎（今貴州省桐梓縣），幸好在前往夜郎的路上趕上了大赦，總算免了罪。

杜甫的經歷更加坎坷。「安史之亂」那些年，他曾被叛軍俘虜，押往長安，後來總算重獲自由，還在唐肅宗的朝廷裏當了個左拾遺的小官，但沒過多久就因仗義執言被貶。杜甫一直和家人過着貧寒的生活，他的詩比李白的詩更加關注現實，氣質也更加沉鬱蒼涼。

有一天，杜甫路過一個叫石壕村的小村子。當時天已經黑了，杜甫到一戶窮苦人家去借宿，戶主是一對老夫妻。睡到半夜，忽然響起一陣急促的敲門聲，緊接着就聽見隔壁那個老公公翻後牆逃跑了，老婆婆一面答應，一面去開門。原來是官府派來的差役，正逐家逐戶抓人去服徭役。老婆婆哀求了半天，差役還是不肯走，她只好自己跟着差役去軍營做苦役。等到天亮時，杜甫離開那戶人家，只有老公公一個人送別了。

後來，杜甫把這段親身經歷寫成了一首詩，這就是著名的《石壕吏》。這首詩和另外兩首《新安吏》、《潼關吏》組成了「三吏」。此外還有「三別」：《新婚別》、《垂老別》、《無家別》。杜甫在自己的詩中記錄了國破家亡的痛苦：「國破山河在，城春草木深」；抨擊了社會的不公：「朱門酒肉臭，路有凍死骨」。由於他的詩記錄了很多當時的社會現象，反映了唐王朝從興盛到衰落的過程，因而被稱為「詩史」，也就是用詩歌記錄歷史。

後來，杜甫又帶全家流亡到成都，靠着朋友的幫助，在郊外造了一座草堂，生活依然艱苦。有一天下暴雨，屋頂的茅草都被大風颳走了，屋子裏四處漏雨，一家人渾身又冷又濕。在這樣的困境中，杜甫依然心繫天下百姓，寫詩感歎說：「安得廣廈千萬間，大庇天下寒士俱歡顏……何時眼前突兀見此屋，吾廬獨破受凍死亦足。」意思是：甚麼時候能得到千萬間房子，好讓天下貧寒的人都住進去……那時就算我的茅屋被秋風吹破，我自己凍死也心甘情願。這就是著名的《茅屋為秋風所破歌》。

杜甫最終因窮困潦倒而去世，但他留下的詩篇流傳千古，和李白並

稱「李杜」。後來另一位文學家韓愈稱讚他們：「李杜文章在，光焰萬丈長。」人們為了紀念杜甫，還把他住過的這座草堂保護起來。在成都西郊的浣花溪邊，還可以看到這座著名的杜甫草堂，大家如果有機會去成都旅遊，不妨去看看。

　　唐朝是我國詩歌創作的黃金時期，除了李白和杜甫以外，還有很多了不起的詩人，比如喜歡描寫山水田園題材的詩人王維、孟浩然、柳宗元，喜歡描寫邊塞風光和士兵們保家衛國英勇精神的岑參、王昌齡、王之渙，還有流傳詩歌最多的白居易和有「小李杜」之稱的李商隱和杜牧。提到這些詩人的名字，相信大家腦海中肯定浮現出了很多優美的詩句。

知識加油站 文化

茶文化的盛行

　　在唐代，茶文化發展到了一個巔峯時期，皇家、貴族、寺院最先飲茶。隨着民間仿效貴族階層的生活方式，以及詩人吟誦有關茶的詩句，飲茶逐漸在民間流行起來。不僅製茶工藝推陳出新，就連茶具也花樣翻新。唐朝茶文化的一大成果是出現了理論著作，陸羽撰寫了《茶經》，詳細講述了茶的方方面面，不僅促進了我國茶文化的發展，還推動了茶文化的對外傳播。

當時的世界

　　770 年，詩人杜甫在漂泊中孤獨離世。他詩歌中的憂國憂民思想對後世文學產生了深遠影響。774 年，法蘭克王國的查理大帝征服了羅馬。他興辦學校，注重發展文化教育，將文明中心從地中海地區轉移到了歐洲萊茵河一帶。

唐代書畫

中國藝術的繁榮期 ·

　　書法和繪畫是中國非常有代表性的傳統文化，在經濟文化全面繁榮的唐朝，這兩門藝術也有了很大的發展。

　　唐朝統治者一向很重視書法和繪畫，朝廷把書法定為國子監「六學」，也就是六門必須學的學問之一，還有主管書法的官員書學博士。唐太宗李世民本人也非常喜歡書法和繪畫，他很推崇王羲之，曾親自為王羲之在《晉書》中寫傳，去世時還將《蘭亭序帖》陪葬入昭陵。唐太宗還重用了畫家閻立本，曾經讓他把自己騎過的六匹戰馬畫下來，然後雕刻到石頭上，立在昭陵中，這就是著名的「昭陵六駿」；還讓他畫了《凌煙閣功臣圖》、《步輦圖》等名畫。後世畫家學習工筆人物畫時，都會臨摹閻立本的作品。

　　這樣一來，書法和繪畫在唐朝都有了蓬勃發展，唐朝初年就出現了書法四大家 —— 歐陽詢、虞世南、褚遂良與薛稷。到了盛唐時期，最有名的書法家是張旭。書法按字體可以分為楷書、行書、草書等許多種，張旭最擅長的是草書。他在書法界的地位完全不亞於李白在詩歌界的地位，所以人們把他的草書、裴旻（mín，粵音民）的劍舞以及李白的詩歌並稱為「唐代三絕」。

　　怎麼個絕法呢？張旭這個人性格豪放，喜歡喝酒，經常喝得酩酊大醉，突然感覺來了拿起筆就往紙上寫，寫出來的字雄渾奔放、縱橫捭闔（bǎi hé，粵音擺盒），十分瀟灑飄逸。

　　當時的人要是能得到張旭寫的字，不僅會把它當作寶貝一樣珍藏起來，還會代代相傳，比我們現在拿到偶像的親筆簽名都要激動得多。

　　張旭有一個鄰居，家裏非常窮，就寫信給張旭，希望得到他的幫助。張旭很同情他，就回信說，你只要說這信是張旭寫的，至少可以賣一百金。鄰居半信半疑地把這封信拿到市場上去賣，沒想到真的像張旭說的那

樣，大家聽說是張旭的真跡，爭相出高價來買，很快就賣出去了。鄰居高興得跳起來，連忙跑回去感謝張旭。

張旭的字這麼受歡迎，自然少不了有人上門拜師學藝，其中就包括吳道子，不過，他其實是一位畫家。

吳道子拜張旭為師後，張旭拿出自己所有的字帖讓吳道子描摹，並且叮囑他，最重要的就是勤奮。吳道子牢記在心，不管是烈日炎炎，還是天寒地凍，他都堅持書寫，同時還不忘訓練繪畫。就這樣，很多年後，吳道子開創出堪稱一絕的「蘭葉描」畫法，這種畫法在運筆的時候，會根據需要把線畫得忽粗忽細，看起來有點像蘭葉的線條。他畫的人物，衣袖、飄帶更是看起來好像在迎風起舞，號稱「吳帶當風」。

張旭還有一個名氣很大的徒弟，他就是顏真卿。顏真卿三歲的時候，父親就去世了，母親帶他搬到外祖父家，教他讀書寫字。但是沒多久，紙筆就都用光了，家裏也沒錢買，母親非常發愁。這天，顏真卿突然從外面進來，興高采烈地說：「母親快別發愁了，我有用不完的紙筆和墨水了！」原來，顏真卿找來許多黃泥漿當墨，又找來一把刷子當筆，從此他就用刷子蘸黃泥漿在牆上練字，寫滿了就洗掉重新寫，如此反覆。

長大之後，顏真卿繼續常年堅持練習，最終成為楷書四大家之一。他的字被稱為「顏體」，與另一位書法家柳公權的字並稱「顏筋柳骨」。如今大家如果學寫楷書，入門要學的都是這種顏體。

唐代書法家裏，和顏真卿、柳公權並列的還有前面提到的歐陽詢。他也是出了名的喜愛書法。有一次，他騎馬經過一塊古碑，一下子就被吸引了，於是停下來觀賞，看了很久才騎着馬離開，但是沒過多久又鬼使神差地返回到古碑前，這一次還下了馬，站在碑前繼續看。

過了很久，他腳站痠了，居然把外套脫了墊在地上，直接坐在地上看碑文。天漸漸黑了，碑文上的字越來越模糊，歐陽詢直接躺在地上就睡了，第二天天一亮爬起來，啃幾口乾糧，喝兩口冷水，然後繼續看，就這樣整整看了三天。人們都說他對書法的喜愛簡直到了痴迷的狀態，但也正是這份熱愛和認真，成就了他卓越的書法技藝。

《五牛圖》

在古代，紙很難保存，如果保存不善，容易腐爛或被蟲蛀。因此，唐代之前傳世的書畫作品非常的少，現存最早的紙本中國畫，是唐代畫家韓滉（huàng，粵音紡）繪製的《五牛圖》，如今我們去到北京故宮博物院，便有機會看到這幅被譽為「鎮國之寶」的作品。

這幅作品大約創作於唐代中期，作者韓滉曾在唐德宗時期擔任過宰相。他非常喜歡牛，也愛畫牛，後人評價說，韓滉畫牛「落筆絕人」。從這幅作品中我們可以看到，他畫的五頭牛形態各異、活靈活現，元代著名畫家趙孟頫評價《五牛圖》說：「《五牛圖》神氣磊落，稀世名筆也。」

當時的世界

749 年，顏真卿因得罪宰相楊國忠，被排擠出長安。顏真卿的書法造詣極高，在書法史上僅次於東晉二王（王羲之、王獻之父子）。751 年，阿拉伯帝國的軍隊和唐朝軍隊在帕米爾高原相遇，由於唐軍奮勇抵抗，阿拉伯人放棄了向東擴張。

古文運動
打破「格式」寫作文 · · · · · · · · · · · · · · · · · ·

　　大家在學校都寫過作文，作文都要遵循一定的格式。可如果老師把格式規定死了，只允許四個字四個字地寫，或者六個字六個字地寫，你肯定就受不了了吧？然而從魏晉南北朝開始，直到唐代中期，人們寫文章都是這種四六文的格式。

　　這叫「駢（pián，粵音 pin4）文」，講究聲律對仗和辭藻華麗，也就是說，寫文章的時候，要字數對齊，要聲律押韻，還要漂亮好看。唐代詩人王勃寫過一篇《滕王閣序》，就是這種駢文。「駢四儷六」就是用來形容這種文體的。

　　不過，每個時代都有每個時代的潮流，到了唐代中期，越來越多的人覺得駢文太難寫，而且很妨礙表達。因為它的格式是固定的，想要按要求寫這種文章，必須把很多心思花在對仗和辭藻上，有的人還經常故弄玄虛，加一些冷門的典故。這些都導致文人寫出來的駢文晦澀難懂，有時候一篇文章讀完，根本不知道作者在說甚麼。

　　這時，有兩位著名的文學家韓愈和柳宗元站了出來。他們極力反對駢文，鼓勵人們使用古文，這就是「古文運動」。所謂的古文，是指秦漢時期的散文，韓愈和柳宗元很喜歡那種實用、自由的文風，經常模仿那種文風來寫作，還號召更多的人學習這種文風。大家或許聽過「文以載道」這句話，它正是韓愈、柳宗元為「古文運動」提出的口號，這裏的「道」就是「儒道」，他們主張寫文章要言之有物，就好像如今我們寫作文要有中心思想一樣，而這個中心思想，在當時就都來自儒學。

　　比如，韓愈有一篇著名的文章《師說》，中心思想就是能「傳道、受業、解惑」的老師才是真正的好老師。他拿孔子舉例，孔子曾以郯子、萇弘、師襄、老子等很多人為師。有的人不如孔子，孔子卻仍然向他們虛心請教，還說：「幾個人一起走，其中一定有可以當我老師的人。」這篇文

章指出：「是故弟子不必不如師，師不必賢於弟子；聞道有先後，術業有專攻，如是而已。」意思是說，老師不一定處處都比學生強，只不過是先知道了一些知識，在某個領域專門下過功夫罷了。

另一篇文章《馬說》中更有一句名言：「世有伯樂，然後有千里馬。千里馬常有，而伯樂不常有。」韓愈直白地批判當權者不懂得欣賞人才，諷刺他們摧毀了人才，卻抱怨世上沒有人才，就像文中那些不懂馬的人：鞭策馬，卻不知道正確的方法；餵養馬，又沒法讓馬充分發揮能力；聽馬嘶叫，卻不能懂牠的意思，反而拿着鞭子走到牠跟前說，天下沒有千里馬。韓愈諷刺地說，難道果真沒有千里馬嗎？是他們真不識得千里馬吧！

這裏也有韓愈的人生經驗。很小的時候，他的父親、兄長就都去世了，他由守寡的嫂子養育長大，日子過得很艱難。但他讀書非常刻苦，十三歲就能寫得一手好文章。可是後來進京趕考，幾次都落榜，直到二十五歲才考中進士，之後整整十年也沒得到重用。韓愈把自己的滿腔委屈都發泄在文章裏。

韓愈還有一篇著名的《諫迎佛骨表》。當時的皇帝唐憲宗信佛，幻想長生不老，剛好聽說鳳翔的法門寺裏供奉着佛祖的一小節手指骨，就特地派了一支隊伍，去法門寺把佛骨迎回來。韓愈聽說這件事以後，就寫下了這篇文章，舉了一大堆皇帝的例子，直接告訴唐憲宗，自古以來，長壽的帝王都不信佛，信佛的帝王都死得早。

同樣是抨擊社會，柳宗元顯得要更含蓄一些，但是殺傷力絲毫不遜色。大家或許聽說過《捕蛇者說》這篇文章。永州當地產一種黑白花紋的蛇，牠有劇毒，但曬乾就成了非常有效的藥材。於是朝廷在當地徵收這種蛇，規定可以用蛇來免除徭役。有一位姓蔣的百姓是捕蛇世家，他的爺爺、父親都是被毒蛇咬死的，但他還是寧願冒着生命危險去捕蛇，也不願像鄰居們那樣去服徭役，受官吏們的欺壓剝削。文章的結尾，柳宗元歎息說，自己只聽說過「苛政猛於虎」，沒想到如今賦稅的毒比蛇還厲害啊！

縱觀整篇文章，柳宗元都沒有開門見山指着統治者罵，而是用一種平靜的方式訴說故事，運用襯托、對比等表現手法，讓讀者自己感受中唐時期底層百姓的悲慘生活，從而更加深刻地揭露了統治者的壓迫和剝削。

這就是「古文運動」的魅力，它不再盲目追求堆砌辭藻，也脫離了文體的約束，去書寫自己真正想要表達的文字，為後世的散文奠定了基礎。後來到了宋代，「古文運動」繼續發展，出現了歐陽修、蘇洵、蘇軾、蘇轍、王安石、曾鞏這六位文學家，他們和韓愈、柳宗元合稱「唐宋八大家」。

唐宋八大家

　　「唐宋八大家」是唐代和宋代八位散文家的合稱，分別是唐代的韓愈、柳宗元，以及宋代的歐陽修、蘇洵、蘇軾、蘇轍、王安石、曾鞏。韓愈和柳宗元率先倡導「古文運動」，宋代的幾位文學家則繼續堅持創作散文。他們一改當時堆砌辭藻、華麗空洞的駢儷文風，文章強調表達真情實感、言之有物，對當時和後世的文壇產生了深遠的影響。

當時的世界

　　802 年，韓愈創作《師說》來論述拜師求學的宗旨。韓愈提倡學古文，反對華麗空洞的駢文，為中唐文壇帶來了質樸自由的文風。大約在 8 世紀後半葉，日本的詩歌總集《萬葉集》編撰完成。其中收錄了上千首詩歌，詩歌的內容既受到唐詩的影響，又融入了詩人自己的思考，啟迪了後世日本的文學創作。

甘露之變

皇帝領頭發起的政變

「安史之亂」後，大唐王朝再也沒有了當年的盛世氣象，國力逐漸衰弱，朝政大權也落入了宦官集團的手中。

前面講東漢時，已經講過宦官專權的危害，唐朝後期的宦官與東漢的「五侯」之流很像，也是大權在握，彼此勾結，陷害忠良。這種情況從唐德宗時期就開始了。

當時，前涇原節度使朱泚（cǐ，粵音齒）發起了叛亂，唐德宗倉皇逃出皇宮，下令讓禁衛軍來護駕，結果居然一個人都沒有來，只有竇文場、霍仙鳴等一羣宦官來保護自己。唐德宗非常心寒，從此認定其他文武大臣都不能信任，只有宦官們最可靠，於是不惜把兵權交給竇文場、霍仙鳴，讓他們執掌十萬神策軍。

此後，宦官的地位不斷上升，勢力不斷壯大。本來宦官不能娶妻，更生不出子女，可是到了後來，有的宦官也開始娶妻納妾，甚至很多一心向上爬的小人索性認他們做乾爹，紛紛當上了高官。最後，宦官集團乾脆連皇帝都控制住了。唐德宗之後，接連好幾任皇帝都被宦官所殺，繼位的順宗在位不到八個月，就被宦官劉貞亮逼迫禪讓，第二年就死了。後面的唐憲宗、唐穆宗、唐敬宗都先後被宦官害死。

到了 826 年，唐文宗即了位。他非常厭惡宦官專權，一直想除掉他們，可又勢單力薄，於是暗暗在朝中尋找志同道合的人。有一次，唐文宗生了病，宦官王守澄手下正好有個叫鄭注的官員精通醫道，王守澄就把他推薦給唐文宗，鄭注很快就治好了唐文宗的病。唐文宗特別高興，和他一聊，發現他非常有才幹，就把他提拔為御史大夫。後來鄭注又通過王守澄，把自己的好友李訓推薦給唐文宗。

唐文宗把自己想除掉宦官的打算告訴李訓、鄭注，他們一起商量怎麼削弱王守澄的權力。李訓、鄭注打聽到有個叫仇士良的宦官跟王守澄有矛盾，於是建議唐文宗把仇士良封為左神策中尉，這個職位和王守澄平級，分掉了王守澄的許多兵權。後來，李訓又設法解除了王守澄的兵權。王守澄沒了之前的權勢，唐文宗賜給他一杯毒酒，逼他自殺了。李訓、鄭注則分別當上了宰相和鳳翔節度使。

王守澄一除，唐文宗的下一個目標就變成了仇士良。李訓和遠在鳳翔的鄭注設計好了整個計劃：給王守澄舉行葬禮的時候，唐文宗下令讓所有宦官都去送葬，那時再關閉墓門，把這些宦官一網打盡，由負責護衛的鄭注帶兵殺死他們。

本來這是個周密的計劃，偏偏李訓這時候起了私心，不願鄭注搶自己

的風頭，想獨佔這份功勞，於是親自招募士兵，並且和掌管金吾軍的大將軍韓約計劃好，提前開始行動。

這天，唐文宗與文武百官照常上朝，韓約按照計劃，故意驚訝地高聲說：「金吾軍大廳後院的一棵石榴樹上，昨天夜裏降了甘露，這是個好兆頭啊！」當時人們都很迷信，遇到不同尋常的事件，都認為是上天在暗示着甚麼，唐文宗便命李訓去查看。

李訓裝模作樣地走到金吾軍後院，很快回來了，對唐文宗說：「我去看了一下，恐怕不是真的甘露，皇上您再讓其他人看看。」唐文宗又讓仇士良帶着一羣宦官過去查看。

偏偏這時候，跟在仇士良身邊的韓約緊張了起來。走到大院門邊，仇士良發現韓約臉色發白、神情古怪，便起了疑心。剛好這時又颳起一陣大風，吹動了門邊掛着的簾子，仇士良眼尖，一眼看出裏面閃着盔甲的亮光。他頓時反應過來：簾子後面埋伏着士兵！

仇士良在宮裏當差這麼多年，整天和這個鬥和那個鬥，所以反應極快，他馬上明白這是衝自己來的，急忙跑回大殿。韓約趕緊讓埋伏好的金吾軍關上門，可到底慢了一步，仇士良搶先一步逃了出來，屁滾尿流地跑到含元殿，向唐文宗報告說發生了兵變。李訓一見仇士良還活着，也頓時明白韓約失手了，他趕緊朝金吾士兵大叫：「快來保護皇上！」其實是想讓這些士兵上來殺仇士良。

仇士良雖然不知道李訓也想殺自己，但他這時候見了穿鎧甲的士兵就怕，也知道當務之急是控制住皇帝，便帶領其他宦官死死地抓住唐文宗，把他拉進轎子抬起來就走。李訓一看要壞事，拚命拉住轎子不讓他們走，一個宦官一拳把他打倒，仇士良他們到底還是把唐文宗抬進了內宮。

這時候，李訓預先安排好的士兵們也殺上了含元殿，那些沒來得及逃跑的宦官一轉眼就被統統殺掉。可畢竟仇士良已經帶走了唐文宗，這次事變實際上失敗了。李訓見勢不妙，換上隨從的一件官服，騎馬逃跑了。

仇士良逃過一劫，這才知道李訓他們的整個計劃。他對李訓恨之入骨，立刻派出自己統領的神策軍大肆搜捕，不光是參與兵變的官員，許多無辜者也被殺，死者足有一千多人。李訓在逃跑的路上被殺了。鄭注正從

鳳翔帶兵進京，得到消息後想撤回鳳翔，也被監軍的宦官殺死。這樣一來，唐文宗他們的計劃徹底失敗。這就是「甘露之變」。

「甘露之變」後，仇士良也知道唐文宗是幕後的主使，把他狠狠羞辱了一番。唐文宗非常害怕，但這時他已沒有任何權力了，只好忍氣吞聲。仇士良雖然不敢害死皇帝，但讓手下時刻對唐文宗嚴密監視。唐文宗被軟禁了五年，最後鬱鬱而終，死的時候只有三十一歲。

知識加油站 軍事

神策軍

神策軍最初由哥舒翰請示朝廷設立，是防衛吐蕃的八支軍隊之一，「安史之亂」爆發後進入中原勤王，後來成為皇帝的禁軍。唐德宗因信賴倚重宦官，將神策軍的指揮權交給了宦官。從此，宦官勢力擁有了兵權，成為唐王朝難以拔除的內患。後期神策軍多由權貴富家子弟充任，致使軍紀渙散，毫無戰鬥力。

當時的世界

835 年，唐朝發生「甘露之變」，軍政實權被宦官階層控制，整個國家陷入混亂。842 年，爪哇的夏連特拉王國修建了婆羅浮屠大佛寺，建築的整體設計和裝飾闡述了佛教教義，融合了印度尼西亞古代藝術風格。

牛李黨爭

四十年「相愛相殺」

　　前面講過，唐朝後期的局勢有點像東漢後期，除了宦官專權相似，黨爭也很相似。當時朝廷中的大臣分為兩黨，反反覆覆鬥了四十多年。那就是以牛僧孺、李宗閔為代表的「牛黨」和以李德裕為代表的「李黨」。

　　事情要從李德裕的父親李吉甫說起。808 年，長安舉行考試，選拔官員，有兩個考生叫牛僧孺、李宗閔，他們在文章中批評了時政和當權者。考官看了文章，覺得這兩人寫得非常好，很快就錄取了他倆。宰相李吉甫看了文章，發現牛僧孺、李宗閔諷刺的正是自己，非常惱火，便故意陷害兩人。李吉甫對唐憲宗說，這兩人之所以能夠考中，是因為他們與考官有私交。結果唐憲宗也沒有細查，就把幾個考官降了職，也沒提拔李宗閔和牛僧孺。

　　無論是唐憲宗還是李吉甫都沒想到，這下可踢到鐵板了。大臣們一聽說這事，立刻爭相上書，為牛僧孺、李宗閔他們鳴冤叫屈，罵李吉甫嫉賢妒能。唐憲宗拗不過大臣，只好把李吉甫也貶了官，讓他去當淮南節度使，又另行任命了宰相。

　　後來李吉甫去世了，他的兒子李德裕被提拔為翰林學士。朝廷又組織了一場進士科考試，李宗閔的親戚考上了進士，另一個官員段文昌推薦的人卻沒考上。段文昌因此懷恨在心，向唐穆宗告發，說考官舞弊。李德裕也拉着一幫官員在旁邊附和。唐穆宗下令再舉行一次考試，結果原來上榜的十四人裏面，只有三個人勉強考過。

　　這下，李宗閔恨透了李德裕。牛僧孺也和他站在同一立場。兩人又拉攏了其他一些出身普通、靠科舉當上官的大臣，與李德裕那些士族出身的大臣明爭暗鬥。

　　到了唐文宗時期，李宗閔靠賄賂宦官當上了宰相，又把牛僧孺也提拔為宰相。他們馬上對李德裕進行報復，聯手把李德裕貶到西川（今四川

省成都市）當官，其他和李德裕關係密切的官員也有很多受到了排擠和打壓。

李德裕雖然長期爭權奪利，但也有真才實幹。當時西川遭到南詔國的入侵，形勢非常危急。李德裕到任後，立即率領將士們修築堡壘，徵發當地百姓參軍，阻擋了南詔國的進攻。後來一名吐蕃將領還向唐軍投降，李德裕派兵佔領了他盤踞的維州（今四川省理縣）。

維州本來是大唐的領土，被吐蕃佔領了四十年，如今收復回來當然是大好事，唐文宗和大臣們都非常高興。可是，牛僧孺居然嫉妒李德裕立下大功，一再主張把維州再歸還給吐蕃，結果維州重新被吐蕃佔領。牛僧孺甚至還把之前向李德裕投降的吐蕃將領和他的手下都綁起來交還吐蕃，連累他們都被吐蕃處死了。

後來，唐文宗又聽別人分析，說牛僧孺刻意打擊李德裕，才放棄了維州。唐文宗很後悔，又疏遠了牛僧孺，把李德裕召回來做了兵部尚書。李德裕很快又開始打壓牛黨。

本來，牛李兩黨也不是完全沒有和解的機會。據說有一次，京兆尹杜悰（cóng，粵音蟲）去拜訪李宗閔，正趕上李宗閔在想李德裕的事，便建議李宗閔推薦李德裕當御史大夫，用這種辦法和李德裕和好。

李宗閔本來答應了，杜悰就趕緊跑去跟李德裕說了這事。李德裕又驚又喜，反覆道謝。沒想到，李宗閔和另一位大臣楊虞卿商量一通後又反悔了。這下李德裕氣壞了，鬧了半天你跟我開玩笑？雙方的仇結得更深了。

就這樣，朝廷裏一會是李德裕得勢，一會是牛僧孺得勢。無論哪派掌權，都要打擊另一派，朝政也因此非常混亂，官員們藉各種理由明爭暗鬥，沒甚麼人肯踏實做事。唐文宗被鬧得煩透了，曾經歎息說：「平定河北的暴亂都沒有消除朋黨鬥爭這麼難！」

唐武宗即位後，李德裕又當上了宰相，一口氣把牛僧孺、李宗閔他們都貶到了南方。過了幾年，唐宣宗當上了皇帝，他非常忌憚前朝的大臣，即位第一天就撤了李德裕的宰相，一年後又把他貶到了崖州（今海南島）。

接下來的幾年，牛僧孺病死了，李德裕病死了，李宗閔也病死了，鬧了四十年的朋黨之爭才終於收場。仔細數數，這場「牛李黨爭」足足經歷

了六任皇帝：唐憲宗、唐穆宗、唐敬宗、唐文宗、唐武宗、唐宣宗。鬧到最後，牛李兩黨誰也沒贏，大唐王朝卻進一步走向了衰亡。

飛錢

　　飛錢出現在唐憲宗時期，它不是貨幣，而是一種票證。當時的長安匯集了各地商人，他們賣完貨返鄉，一路上不方便隨身攜帶大量錢財，於是出現了飛錢。商人把錢交給各地設在長安的辦事機構，機構開具一個憑證，並一分為二，商人手執一半，另一半則寄往商人指定地點的機構。等到商人抵達取款地點，憑證核對無誤，就可以如數取回錢款。飛錢的出現反映了當時商業活動的發達。

當時的世界

　　841 年，李黨佔據上風，將牛黨罷免，貶往南方，越演越烈的朋黨之爭加速了朝廷的腐敗，使李唐王朝走向衰亡。843 年，法蘭克王國的皇子停止內戰，簽署了「凡爾登條約」，把國家分成了三部分，預示着近代西歐國家的形成。

黃巢起義

滿城盡帶黃金甲 ··········

　　唐朝末期，在藩鎮混戰、宦官專權和朋黨之爭的共同危害下，朝政越來越混亂。偏偏又趕上天災不斷，各地都鬧起了饑荒，地方官吏們仍然照常逼稅。百姓們活不下去，紛紛發動起義，其中影響最大的就是「黃巢起義」。

　　黃巢其實是讀書人出身，曾經到長安參加過科舉考試，結果考了好幾次都沒考中，反倒目睹了朝廷的腐敗和黑暗，於是寫下了一首《不第後賦菊》。「不第」就是沒考中科舉的意思。黃巢用菊花做比喻，表示推翻唐王朝的決心。這首詩是這樣的：

> 待到秋來九月八，
> 我花開後百花殺。
> 沖天香陣透長安，
> 滿城盡帶黃金甲。

　　875 年，一個叫王仙芝的人率領幾千人在山東發動了起義，自稱天補平均大將軍。他的隊伍佔領了曹州（今山東省曹縣）和濮州（今山東省鄄城縣），吸引了附近很多百姓加入，隊伍很快增加到幾萬人。這時候黃巢正在當私鹽販子，也組織了幾千人，加入了王仙芝的隊伍。

　　起義軍勢力迅速擴大，他們轉戰山東、河南一帶，攻下了許多州縣。朝廷好幾次派部隊去鎮壓，但每次都被打敗。當時的皇帝唐僖宗束手無策。有官員建議招安王仙芝，唐僖宗決定試一試，於是派使者去見王仙芝，表示只要投降，可以封他左神策軍押衙兼監察御史的官銜。

　　王仙芝聽到這個消息，還真動了心，打算投降。黃巢聽到消息，立刻帶了一羣將士跑過去罵他：「當初我們說好要一起為民除害，創造一個太平盛世，你怎麼背信棄義？」不等王仙芝説話，黃巢已經劈頭蓋臉地打了過去，把他打得頭破血流。王仙芝看大家都支持黃巢，想和朝廷對抗到底，只好認錯，趕跑了朝廷派來的宦官。

　　這次雖然沒投降，但王仙芝、黃巢算是結下了梁子。黃巢料到王仙芝不會改變投降的想法，就算不投降，以後和朝廷作戰也會不堅決，跟着這樣的首領不會有好結果。於是他率領自己的部隊脱離了王仙芝。王仙芝向西，他自己向東，各自與官軍作戰。

　　後來，朝廷再次招降王仙芝，王仙芝派出兩位將領去談判，沒想到兩人剛一去就被抓起來送到長安，很快就被殺了。王仙芝非常惱火，他意識

到自己如果投降，也會遭遇這樣的命運，這才決定和朝廷死戰到底。但這時他的兵力越來越少，作戰越來越吃力，最後在黃梅（今湖北省黃梅縣）被唐軍打敗，他自己也被殺死。

王仙芝死後，他手下剩餘的將士跑去投奔黃巢，兩支隊伍再次會合。這次大家都推舉黃巢當黃王，還稱他為「沖天大將軍」。黃巢也開始模仿唐朝官制，設置了一些官職，並繼續與唐軍作戰。接下來，他準備攻打洛陽。

洛陽是長安東面的門户，一旦洛陽失守，長安就會暴露在起義軍面前。唐僖宗得知這個消息後非常害怕，立即派兵前往洛陽支援。黃巢知道，這麼多的敵軍自己肯定打不過，不能以卵擊石。這時候他發現江南地區的唐軍力量很薄弱，於是決定放棄進攻洛陽，向南方挺進。

他們順利渡過長江，一路上勢如破竹，打下了今天浙江、福建的很多地方，一直打到廣州。這時候嶺南地區爆發了瘟疫，黃巢命令起義軍休整了兩個月，然後重新北上，又是一路接連擊敗唐軍，再次渡過長江。淮南節度使高駢嚇得不敢應戰，躲進揚州城裏，對朝廷推脱説自己得了病，沒法再領兵。

這時候，起義軍已經發展到了幾十萬人，黃巢的信心十足，直接向關中挺進。他再次進攻洛陽的時候，洛陽的官員大氣都不敢出，恭恭敬敬地打開城門投降了。黃巢也不多逗留，繼續向西攻下潼關，眼看就要到達長安。

前面講過，「安史之亂」的時候，唐玄宗曾經放棄長安逃向四川，現在歷史又一次重演，唐僖宗也帶着親信們離開長安，逃向成都，其他的官員只好全部出城投降。

在將士們的簇擁下，黃巢進入長安城。長安百姓扶老攜幼，夾道歡迎。起義軍將領尚讓當場宣佈：「黃王就是為了百姓才起兵的，我們不會像唐朝皇帝那樣殘暴地對待你們，你們從此可以安居樂業了。」隨後，起義軍向貧苦百姓發放了很多財物，大家無不歡呼雀躍。黃巢就這樣在長安做起了皇帝，國號「大齊」，這一年是 881 年。

然而，起義軍作戰雖然英勇，卻不擅長振興經濟，也不擅長守住攻

下來的城池。結果好景不長，唐僖宗從各地調集兵馬開始反擊，起義軍攻佔的城池紛紛失守。黃巢手下又有一名大將朱溫叛變，反過來給唐軍當先鋒。朝廷又召來了沙陀族的一位將領李克用，率領騎兵前來增援。在他們的合力圍剿下，起義軍接連失利，只得退出長安。黃巢又堅持作戰了一段時間，最終在泰山狼虎谷兵敗自殺。

「黃巢起義」持續了十年，是唐朝歷史上規模最大的農民起義，幾乎讓唐王朝滅亡。起義失敗後沒多久，唐王朝緊接着就滅亡了。

兩稅法

兩稅法是唐德宗年間頒行的新稅法，因在每年夏、秋兩季徵收而得名。「安史之亂」後，各地苛捐雜稅增多，百姓被逼得走投無路，有的參加了農民起義。為了穩定民心，同時讓朝廷有固定的經濟來源，宰相楊炎提出了兩稅法，規定凡是在當地居住，擁有資產、土地的，就要上戶籍，上交錢財納稅。兩稅法依據財產多少徵收，在一定程度上減輕了廣大貧苦人民的稅收負擔。

當時的世界

878 年，王仙芝戰死。黃巢率領起義軍轉戰多地，動搖了唐朝的統治。位於現今英格蘭的威塞克斯王國在阿佛烈大帝的領導下，擊敗了入侵當地的丹麥軍隊。他不僅能征善戰，還組織編纂了《盎格魯—撒克遜編年史》，被後人尊稱為「英國國父」。

朱温代唐

血跡斑斑的稱帝之路

「黃巢起義」終究被鎮壓了下去，可唐王朝此時也沒甚麼回天之力了，就好像一個生命垂危的病人，儘管還活着，但斷氣只是早晚的事。最終，上節提到過的那個朱溫終結了唐朝。

　　朱溫出身貧民，從小遊手好閒，經常在鄉里打架鬥毆。「黃巢起義」爆發後，他也參加了起義軍，受到黃巢的重用，成了一名大將。後來有一次攻打河中地區（今山西省西南），他接連吃了好幾次敗仗。為了逃避懲處，朱溫便背叛起義軍，投降了朝廷。唐僖宗得知消息後非常高興，連聲說：「這是上天賜給我的上將啊！」他冊封朱溫為右金吾大將軍，兼河中行營招討副使，還給朱溫賜了個「全忠」的名，所以後來他又叫朱全忠。諷刺的是，這個朱全忠既不忠於起義軍，也不忠於唐朝，最後正是他滅了唐朝。

　　朱溫投靠朝廷後，開始打起戰友的主意。當時他和沙陀將領李克用共同作戰，一起打敗了起義軍。可是很快，兩人有了矛盾。在一次酒宴上，李克用喝醉了，對朱溫很不禮貌，朱溫表面上忍住了，可是等到李克用回到驛館，他就立刻派人去放火。李克用手下好幾百人都被燒死，正好這時候天降大雨，李克用本人逃過一劫，從此就和朱溫結下了深仇。兩人都是節度使，各自都有地盤和兵馬，經常互相攻打。

後來，唐僖宗去世，唐昭宗即位。掌權的宦官們把唐昭宗軟禁了起來。宰相崔胤和朱溫密謀，一口氣殺掉了好幾百名宦官，救出了唐昭宗。唐昭宗因此封朱溫為梁王。可是連唐昭宗自己都沒想到，自己是剛出狼窩又入虎穴，朱溫除掉宦官只是為了取而代之，由他自己來專權。

朱溫先是找機會殺了崔胤，之後又逼迫唐昭宗放棄長安，遷都洛陽。唐昭宗根本不願意走，他的車隊走到華州的時候，百姓們需要按禮節夾道歡呼萬歲，唐昭宗哭着說：「別喊萬歲了，我不是你們的皇帝了！」又對近臣們說：「我從今開始漂泊了，不知以後會流落到哪裏！」

離開長安的時候，朱溫下令把長安的宮殿、官府和民宅全部拆光，材料都運到洛陽，還逼迫長安的官吏、百姓一起搬到洛陽去。百姓們沒人願意走，可又無力反抗士兵們的屠刀，只得扶老攜幼前往洛陽。這一路哭哭啼啼，怨聲載道。

早在動身之前，朱溫就有了篡奪皇位的打算。遷都洛陽這一路上，他就緊鑼密鼓開始動手了。當時唐昭宗身邊還有不少隨從，加起來有二百多人。朱溫對他們非常不放心，找機會把他們陸陸續續都殺掉了，然後換上年齡、相貌、身材都差不多的二百多人來頂替。唐昭宗一開始沒意識到，後來發現隨從們當中自己認識的人越來越少，陌生面孔越來越多，這才察覺出不對勁。大家可以想像一下那種情形：你每天照常去上學，可是每天都有幾個原來班裏的同學不見了，來的都是你不認識的，到了最後，原來班裏的同學只剩你自己一個人了，你說嚇不嚇人？這麼一來，唐昭宗成了真正的孤家寡人。

把唐昭宗的隨從們全都換掉之後，朱溫終於對唐昭宗本人下手了。剛到洛陽，他就派心腹蔣玄暉殺害了唐昭宗，又把罪責都推到蔣玄暉的兩個手下頭上，處死了他們，自己假惺惺地在唐昭宗的靈柩前號啕大哭，嘴裏嚷嚷着：「你們這些人把我也連累了！讓我從此背負起萬世罵名！」之後他又立唐昭宗的兒子李柷（zhù，粵音築）為皇帝，這就是唐哀帝，也叫唐昭宣帝。

為了斬草除根，朱溫把唐昭宗的另外九個兒子以飲酒的名義騙到九曲池，把他們全殺了，屍體就直接扔進九曲池；又把效忠於李唐王朝的三十多位大臣騙到白馬驛，一口氣都殺掉了，這就是「白馬之禍」。有手下出

主意，説這些人都自認為是「清流」，就應該把他們扔到「濁流」裏去，所以朱溫把大臣們的屍體全扔進了黃河。

所有的障礙都清除乾淨，到了該「禪位」的時候了。朱溫裝模作樣地表示不願當這個皇帝，可是當蔣玄暉勸他按禮儀舉行禪位儀式的時候，他卻又嫌太慢，認為蔣玄暉是在故意拖延，把蔣玄暉也給殺了。

907 年，朱溫廢掉唐哀帝，踏着遍地鮮血登上皇位，改國號為「梁」，建都汴州（今河南省開封市），並改汴州為開封府。史書上管這個政權叫「後梁」，朱溫就是梁太祖。統治了二百八十九年的唐朝宣告滅亡。

唐朝滅亡後，國家四分五裂，出現了和之前南北朝類似的混亂局面。在後梁之後，北方黃河流域先後又出現了後唐、後晉、後漢、後周四個政權，南方地區則出現了吳、南唐、吳越、前蜀、後蜀、楚、閩、南漢、南平九個政權，再加上北方佔據太原的北漢，歷史稱為「五代十國」。

建立後梁的朱溫並沒有得到好下場。稱帝六年後，他生了重病，他的兒子朱友珪乘機發動宮廷政變，殺死了親生父親，奪取了皇位，成為後梁的第二位皇帝。

耶律阿保機建立契丹國

在李唐王朝日薄西山之時，生活在我國北方內蒙古草原和東北地區的契丹族逐漸崛起。到了「黃巢起義」時，契丹族出現了一位叫耶律阿保機的領袖，統一了契丹各部，隨後便在上京（今內蒙古自治區巴林左旗東南）稱帝，建立了契丹國，也就是後面我們會講到的遼國。

當時的世界

899 年，長者愛德華成為英國國王（因為英國出現了很多叫愛德華的國王，為了區分，將第一位叫愛德華的國王稱為長者愛德華）。他統治期間多次擊敗入侵的丹麥人，收復了英格蘭的大多數地區。907 年，朱溫逼迫唐哀帝禪位，建立了後梁，唐朝至此滅亡。

戲迷李存勗

虎頭蛇尾的皇帝

你有沒有自己的愛好？是甚麼呢？在古代，皇帝們也有自己的愛好，有的喜歡看歌舞，有的喜歡作詩，有的喜歡踢球，有的甚至喜歡做木工。其中有一位皇帝的愛好就挺特別，喜歡自己演戲。這就是後唐莊宗李存勗（xù，粵音旭）。

前面講過，滅亡唐朝的朱溫有一個死對頭叫李克用，李存勗正是李克用的兒子。李克用一輩子也沒贏過朱溫，所以對朱溫又恨又無可奈何。相傳，李克用臨終前把李存勗叫到牀邊，交給他三支箭，每支箭代表一個仇人：朱溫、劉仁軌、契丹人，讓兒子以後為自己報仇。説完李克用就去世了。李存勗把三支箭供奉在宗廟裏，接替他父親做了晉王，從此把為父報仇作為目標。

李克用去世的時候，朱溫的梁軍正在進攻晉軍的潞州（今山西省長治市）。他們把潞州包圍起來，晉軍的援軍又從外面包圍了梁軍，這戰局就好像夾心餅乾，朱溫的梁軍就是中間那一層餡。梁軍看起來形勢不利，可是他們在駐地的前後各修

建了一道城牆，號稱「夾寨」，這樣可以同時抵抗兩個方向的晉軍。他們就躲在這夾寨裏死守，晉軍也拿他們沒辦法。

　　李存勗剛安葬了父親，就決定去救援潞州。他不顧大臣們的阻撓，親自領兵出發，到達潞州的時候天還沒亮，又剛好起了大霧，徹底掩蓋了晉軍的行蹤。夾寨裏的梁軍本來就覺得李克用剛死，李存勗得忙着辦喪事，肯定顧不上自己，一點防備都沒有，直到晉軍都摸到了夾寨外面，他們還在呼呼大睡。結果李存勗一聲令下，晉軍突然發動猛攻，梁軍毫無防備，很快兵敗如山倒，李存勗一下就解了「潞州之圍」。

　　消息傳到開封，朱溫非常震驚，仰天長歎：「生子當如李亞子（亞子是李存勗的字），李克用雖死猶生啊。相比之下，我的兒子就像豬狗一樣！」

　　潞州一戰奠定了李存勗的領袖地位，很多之前不服管的大將紛紛俯首稱臣，心甘情願地跟着李存勗打天下，這一年他才二十三歲。之後李存勗步步為營，奪了劉仁恭的幽州，趕跑了契丹軍，又連續和梁軍幾次大戰。經過十多年的戰鬥，李存勗終於在 923 年滅掉朱溫建立的後

梁，登上皇位，恢復國號為「唐」，史稱「後唐」。隨後，他又兼併了李茂貞割據的隴右地區，出兵滅了前蜀，一時間天下震動，南方諸國紛紛來朝。

本來，李存勗要是能按這個勢頭發展下去，重新統一天下也是有可能的。可他卻漸漸變得自滿，覺得中原已經安定，沒甚麼人能威脅到自己了，開始盡情享受起來。他最喜歡唱戲，經常和一羣伶人混在一起，還給自己起了個藝名叫「李天下」。有一次他上台演戲，自己叫了兩聲「李天下」，一個伶人上去就給了他兩個耳光，其他伶人見了都大吃一驚，李存勗自己也被打得莫名其妙。那個打耳光的伶人卻笑嘻嘻地說：「理（理和李同音）天下只有皇帝一個人，你叫了兩聲，還有一個是誰呢？」李存勗這才知道他是跟自己開玩笑，不僅不生氣，反而賞賜了他。

到了後來，李存勗越來越寵信伶人，給他們特權，讓他們隨意出入皇宮。這些伶人又仗着他的寵信，面對一般大臣都是神氣活現，官員們受了他們的欺負，也不敢拿他們怎麼樣。其中有個叫景進的伶人，專門負責替李存勗刺探情報。大臣們誰敢不討好他，他就在李存勗面前説他的壞話。所以大家見了景進，沒有不害怕的。

除了寵信伶人，唐莊宗還縱容劉皇后干政。劉皇后生性貪婪，到處聚斂錢財。國內饑荒的時候，宰相請李存勗開國庫賑災，李存勗倒是答應了，但是劉皇后死都不肯，還説生死由天命決定。後來宰相又一次跟李存勗説這件事，結果劉皇后偷聽到了，她故意賭氣，乾脆把自己的梳子、洗臉盆，連同三個年幼的皇子都送到宰相面前，説讓他拿去賣了換錢。宰相哪敢照辦？這事只能不了了之。

很快，伶人和劉皇后的危害就顯現出來了，他們在李存勗面前挑撥離間，説開國功臣郭崇韜意圖謀反。李存勗本來就忌憚郭崇韜，索性藉機殺了他。後來李存勗知道自己冤殺了他，反而將錯就錯，又把他的家人都殺光了，令文武百官都非常心寒。

很快，全國各地都發生了兵變，李存勗派出大將李嗣源去鎮壓。沒想到李嗣源也叛變了，反而打進了皇宮。宮裏的人四處逃竄，李存勗也被亂箭射中，一命嗚呼。隨後，李嗣源奪取了皇位，登基為帝，史稱唐明宗。

馮道刻印儒家《九經》

李存勗稱帝後曾任命一位叫馮道的人任翰林院學士。馮道是非常有爭議的一個人，他雖然很有學問，但是除了在後唐當官，還在後面我們要講到的幾個朝代都當過官，而且都是大官。他一共跟過十個皇帝，所以後世史學家稱他為「不倒翁」，也有一些史學家說他不忠誠，不知廉恥。他這個人為人如何且不評價，但他對儒學的傳播確實做了一些貢獻。在唐明宗手下做官時，他向唐明宗奏請以唐代開成石經為底本，刻板印刷儒家「九經」（《周易》、《詩經》、《尚書》、《周禮》、《禮記》、《儀禮》、《左傳》、《春秋公羊傳》、《春秋穀梁傳》），得到批准後，前後用了二十二年完成了刻印。這是我國歷史上首次官方出資大規模印刷套書。

當時的世界

926 年，後唐李存勗死於政變，讓本就脆弱的後唐政權岌岌可危。927 年，艾塞斯坦繼承了長者愛德華的皇位，他在位期間征服了維京人，使自己成了整個英格蘭的第一位統治者。從實際意義上來說，歷史學家認為他是第一位英格蘭王國國王。

兒皇帝石敬瑭

不要臉也要當皇帝 ·

説到整個五代十國時期最無恥的人，後晉皇帝石敬瑭（táng，粵音唐）肯定要排在第一位。為了當上皇帝，他居然厚着臉皮管一個比自己小十一歲的人叫爸爸，還把大片領土送給了這位「爸爸」，而這些都是他主動提出來的。那麼，石敬瑭為甚麼要這樣做呢？

　　前面講過，後唐大將李嗣源發起兵變，殺死了唐莊宗李存勖，奪取了皇位。石敬瑭正是李嗣源的女婿。李嗣源去世後，本該是他的兒子李從厚即位，結果李嗣源的養子李從珂又發動兵變，爭奪皇位。李從厚打不過李從珂，倉皇出逃，半路上遇到了石敬瑭。石敬瑭為了向李從珂邀功，生擒了李從厚，把他獻給了李從珂。李從珂殺掉李從厚，自己當了皇帝，他也被稱為後唐末帝。

　　石敬瑭本以為自己立下了大功，李從珂應該重賞自己才對，沒想到李從珂反而提防起石敬瑭。他把石敬瑭扣押在洛陽，不讓石敬瑭回自己的地盤。石敬瑭在洛陽孤立無援，周圍都是李從珂的人，他擔心會遭李從珂的毒手，每天都提心吊膽，很快又生了病，瘦得皮包骨頭，憔悴不堪。

　　偏偏石敬瑭命大，他的妻子李氏，也就是李嗣源的女兒，跑去請求母親曹太后，讓李從珂放石敬瑭回去。曹太后便出面發了話。曹太后對李從珂有恩，李從珂很聽她的話，又覺得石敬瑭病成這樣，已經構不成威脅了，就把石敬瑭放回了河東（今山西省）。

　　李從珂沒想到，這下可成了放虎歸山。一回到河東，石敬瑭瞬間舒了一口氣，開始為造反做準備。為了不讓李從珂起疑心，他假裝還在生病，甚麼軍務都管不了。每次李從珂派官員來視察，他都是一副病懨懨的樣子。同時，他又藉口北方的遼國部族經常侵犯邊境，向李從珂申請大批的軍糧。李從珂還真被騙到了，向石敬瑭支援了大批糧草。

　　不過，石敬瑭還是放不下心來。為了試探，他上書李從珂，假裝要辭去馬步兵總管

的職務，申請去別的地方任節度使。石敬瑭的盤算是，假如李從珂同意，就證明他懷疑自己；如果安撫自己，讓自己留任，就説明李從珂沒有加害之心。

結果，一位大臣薛文通給李從珂出主意説：「石敬瑭調動也會反，不調動也會反，不如先下手為強。」李從珂覺得他説的有道理，還真要把石敬瑭調走。石敬瑭頓時明白，自己的野心還是被識破了，便賴着不肯走，還藉口李從珂不是李嗣源的親生兒子，沒有當皇帝的資格，要他下台。李從珂一聽就發火了，下令罷免石敬瑭的職務，又出兵來打他。

石敬瑭雖然做了不少準備，可眼下仍然不是李從珂的對手。這時候他看看周圍，只有契丹人建立的遼國兵強馬壯。可遼國一直和中原人為敵，更不可能白白出兵，肯定得張嘴要一大筆好處。石敬瑭思來想去，最後決定豁出老臉不要了。他叫來謀士桑維翰，他一邊説，桑維翰一邊寫，很快寫好了求救信。信裏表示，只要遼國肯出兵，石敬瑭願意認耶律德光做父親，每年按時向遼國進貢，還把幽雲十六州的全部土地割讓給遼國。

石敬瑭説出這些條件的時候臉不紅心不跳，沒有一點不好意思，倒是把一旁的大臣劉知遠給急壞了。劉知遠説：「您比那耶律德光還大上十一歲呢，怎麼能給他做兒子？您不嫌丟人現眼，我還嫌呢！再説向遼國求救，送些金銀布匹也就算了，萬萬不可割讓土地啊！」可這時候的石敬瑭根本不管不顧了，還是讓桑維翰把信送過去。

這時候遼國的皇帝是耶律德光，他早偷偷想着要入侵中原，收到石敬瑭的信，頓時樂壞了：天底下還有這麼不要臉的人？還白給自己這麼大的便宜？看來這石敬瑭不僅沒臉沒皮，還沒腦子。耶律德光一點都不耽擱，立刻答應出兵。

遼國的援兵戰鬥力很強，果然把後唐軍打敗了。隨後耶律德光來到太原，石敬瑭親自出城迎接，厚着臉皮管他叫爹。耶律德光看這個比自己大十一歲的「兒子」這麼孝順，也很滿意，對石敬瑭説：「你這孩子不錯，我就封你做皇帝吧！」

在遼國的支持下，石敬瑭稱帝，建立了後晉。石敬瑭按照之前的承諾割讓了幽雲十六州，每年還向遼國進貢帛三十萬匹，逢年過節還派使者向

遼國國主、太后、貴族大臣送禮。遼國人卻看不起他，遼國的使臣經常對他出言不遜，石敬瑭只能沒完沒了地賠笑臉、說好話。他當了七年的「兒皇帝」，在國內也非常不得人心，各地將領紛紛起兵造反，石敬瑭自己在平叛的過程中一病不起，很快就死掉了。

石敬瑭是死掉了，可他割讓幽雲十六州這個舉動，給後面的北宋王朝留下了無窮的禍患。從此契丹人侵入中原易如反掌，石敬瑭也因此成了禍害中原百姓的千古罪人。

幽雲十六州

幽雲十六州就是人們常說的「燕雲十六州」，範圍包括今天的北京、天津、河北北部、山西北部地區。這裏不僅有燕山山脈和太行山脈阻隔遼國騎兵，還修築了長城，成為抵禦外敵入侵中原的屏障。石敬瑭將其割讓給遼國，使得遼國輕易越過了重重阻隔，將其疆域向南進一步擴展，直接威脅到後來的北宋政權。

當時的世界

936 年，石敬瑭建立後晉，稱遼國主為「父皇帝」。後晉只存在了短短的十一年。這一年，鄂圖一世成為東法蘭克王國國王。他執政期間不斷打擊封建割據勢力，加強中央集權，同時不斷對外擴張，使東法蘭克王國成為當時的一方霸主。

劉知遠的後漢

短命的政權 ....

　　大家在生活中有沒有見過那種默默低調做大事的人？後漢的開國皇帝劉知遠就是這樣一個人。

　　大家一看「後漢」這個國號，又看劉知遠姓劉，可能會猜測他是不是漢高祖劉邦的後代。其實兩個人完全沒關係，劉知遠是沙陀人，是石敬瑭手下的大臣。據說他曾經在戰鬥中兩次救過石敬瑭，石敬瑭很信賴他，讓他當了個小軍官，從此步步高升。

　　前面講過，石敬瑭認耶律德光做父親的時候，劉知遠明確反對過。石敬瑭死後，皇位落到了他的養子石重貴手上。這麼一論輩分，石重貴該是遼國的「孫皇帝」了。石重貴也知道大家都罵石敬瑭認賊作父，他決定不再向遼國稱臣。遼國自然不肯了，很快就發兵打了過來。

　　這時候，劉知遠在河東當節度使。他早就預感到後晉的統治長不了，於是和當年的石敬瑭一樣，也在暗中培植自己的勢力。很快，遼軍就打到了後晉的都城開封，俘虜了後晉皇帝石重貴。劉知遠故意不發兵救援，眼看着遼軍攻下開封，滅了後晉。

　　不僅如此，劉知遠還派手下王峻去給耶律德光道賀。耶律德光習慣了石敬瑭對自己的奴顏婢膝，覺得劉知遠也是這一路貨色，於是又表示要認劉知遠當兒子，還賞了王峻一根木拐。王峻握着木拐無論走到哪，契丹人都紛紛給他讓道。

遼國覺得劉知遠不值得擔心，沒想到王峻走了這一趟，把遼國的虛實摸得一清二楚。他回來後就告訴劉知遠，遼國內部也是一片烏煙瘴氣，他們就是佔領了中原也守不住，早晚也要被趕回去。劉知遠聽了非常心動，更決心自己建國當皇帝。

劉知遠穩住了遼國，又假裝要去營救石重貴，其實這是在聲東擊西。他走到壽陽的時候，突然方向一轉，折向洛陽，殺掉了遼國扶植的傀儡李從益。

這下，石重貴在契丹人的手裏，前朝後唐也沒了繼承人，中原徹底無主了。大臣們看劉知遠手握重兵，沒人有實力和他抗衡，於是紛紛推舉他當皇帝。劉知遠就這樣登上了皇位，不過當時仍然沿用了「晉」的國號，以此拉攏後晉那些舊臣。

這時候，耶律德光才看清劉知遠的真實意圖，也明白過來，原來不是所有的中原人都像石敬瑭那樣無恥。他正打算討伐劉知遠，可這時候中原百姓恨透了契丹人的燒殺搶掠，紛紛揭竿而起，不到四個月的時間，就成功地把契丹人趕出了中原。耶律德光沒辦法，灰溜溜地撤回了北方。劉知遠坐收漁翁之利，沒費甚麼力氣就奪得了江山。這年六月，他建都開封，改國號為「漢」，歷史上把這個政權稱為「後漢」。

起初，劉知遠想好好治理天下，他採納皇后李氏的建議，改掉過去靠搜刮民財犒勞軍隊的慣例，而是把宮中的財物拿出來賞賜給將士，百姓們的生活也好了不少。然而好景不長，劉知遠的親信重臣們很快開始作威作福，楊邠（bīn，粵音彬）、史弘肇、王章這幾個人殘酷地壓榨百姓。百姓要是犯了盜竊罪，整個家族都要被殺，連住在旁邊的鄰居都得被殺；給朝廷交糧稅，也要一斛多交兩斗，相當於從前的十倍；甚至百姓家裏死了人發喪，如果不給官府交錢，都不准出城埋葬。後來的歷史學家們說，在五代十國那些政權裏，後漢是最殘暴的，後漢的百姓也是最苦的。

也正因此，後漢的統治也是最短的，只有三年時間。劉知遠當了一年皇帝就病死了。他的兒子劉承祐雖然繼承了皇位，可是朝政完全被那幾名重臣把持了，其中以楊邠最囂張。

有一次，劉承祐和大臣們商量要推行一項政策，劉承祐說：「政策推

行下去，不要讓百姓有怨言。」楊邠來了句：「陛下不要多管，有臣在。」當時在場的所有大臣全都嚇傻了。

後來，楊邠越管越寬，劉承祐的舅舅李業想當官，楊邠認為不合適，說不行；劉承祐想立自己的寵妃耿夫人當皇后，楊邠也說不行；耿夫人去世，劉承祐想用皇后的禮節來安葬她，楊邠又說不行，把劉承祐氣壞了。

終於有一天，劉承祐實在忍不下去了，經過一番精心策劃後，一舉消滅了楊邠、史弘肇、王章，權臣中只剩下郭威還活着。郭威得到消息，率領大軍襲來，打敗了後漢的軍隊，殺掉了劉承祐，自己奪取了皇位。這就是五代中的最後一個政權後周。

戰鬥民族契丹

契丹是一個游牧民族，比享受慣了的唐末、五代軍隊彪悍許多。契丹人不僅精於騎射，更有着全民皆兵的制度，確保在戰時能迅速集結起一羣精兵強將。遼朝初年，貴族子弟人人都要服兵役，而且自備武器、馬匹，也不發放糧草，於是出現了遼軍「打草穀」的現象，就是軍隊縱容士兵劫掠邊境百姓，使百姓不勝其苦，也造成了邊境的不穩定。

當時的世界

945 年，英格蘭國王愛德蒙一世幫助法國國王路易四世恢復了王位。947 年，後晉河東節度使劉知遠進入開封，建立後漢。他無力結束各地割據的局面，這個政權僅存在了三年。

郭威建後周

你方唱罷我登場 ● ● ● ● ● ● ● ● ●

　　五代十國的歷史講到這裏，大家應該都看出來了，一個個政權像走馬燈那樣變來變去，那些軍閥為了當上皇帝，有背叛上司的，有賣國求榮的，一個比一個沒底線。然而他們當中還真有一個人，在亂世中守住了自己的節操，也成為結束五代亂世的關鍵人物。這就是後周太祖郭威。

　　郭威很小就失去了父母，無奈之下只能投奔姨母韓氏，從此過着寄人籬下的貧苦生活。十八歲的時候，他去澤潞節度使李繼韜那裏應徵入伍。郭威長得高大魁梧，很快就被選中了。李繼韜非常欣賞他，覺得他有大將之才。據說他在自己的脖子上刺了一隻飛雀的紋身，所以他又有一個小名叫「郭雀兒」。

　　當時街上有個屠戶常年欺壓百姓，非常囂張，百姓都很怕他。有一天，屠戶又當街耍威風，恰好郭威在旁邊小店喝酒，愛打抱不平的勁頭上來了，一下子就衝到了屠戶跟前，讓他割肉，還故意罵他。

　　屠戶知道他故意找事，就掀開衣服，指着肚子向郭威挑釁：「有能耐你往這捅一刀啊！」沒想到郭威真的舉刀就刺，屠戶當場就死了，郭威也因殺人坐了牢。幸好李繼韜看他是為民除害，覺得把他問罪太可惜，託人把他放了出來，重新收納到自己的軍隊裏。

　　後來李繼韜意圖謀反，被後唐莊宗李存勗誅滅，郭威也就改換陣營，加入了後唐的軍隊。沒過多久，後唐被後晉取代，後晉又被後漢取代，郭威最後成了劉知遠的部將，跟着他打天下，一步步協助他建立後漢。劉知遠非常信任郭威，死前還把兒子劉承祐託付給他和其他幾位大臣。

　　前面講過，那幾位大臣個個飛揚跋扈，劉承祐不滿於當傀儡，於是經

過精心策劃，除掉了他們。只有郭威沒有其他大臣的劣跡，劉承祐的母親李太后也苦心規勸，說郭威是忠心耿耿、立下戰功無數的開國元老，不能殺。但劉承祐覺得郭威畢竟大權在握，只要活着就是個威脅，於是派出大臣劉銖前往郭威家，殺掉了他的妻兒。

等郭威得到消息趕回家中，發現家人都已慘死，他非常悲憤，質問劉銖：「你怎麼這麼狠毒，你沒有妻兒老小嗎？」這時，所有人都以為郭威會以牙還牙，但他卻只殺了劉銖，放過了劉銖的家人。郭威説：「我小時候父母早亡，本以為建功立業就能過上其樂融融的日子。然而在亂世中，這小小的願望都成了奢望，我不想繼續殺戮了。」

這樣一來，郭威和劉承祐算是徹底鬧翻了。劉承祐根本不是郭威的對手，很快就兵敗被殺。但郭威沒有殺劉承祐的母親李氏，依然奉她為太后，又擁立另一位劉氏宗室、武寧節度使劉贇為帝。

這時候，契丹又打過來了。此時朝中無論是能力還是威望，郭威都是領兵的最好人選。於是郭威帶兵出征，渡過黃河，駐紮在澶州（今河南省濮陽市南）。沒想到這時候，一羣士兵發動了兵變，給郭威披上了一件黃袍。當時只有皇帝能穿黃袍，士兵們的意思是擁護郭威當皇帝。大家或許聽過後面我們將要講到的趙匡胤「黃袍加身」的故事，其實最早「黃袍加身」的是郭威，趙匡胤只是在學他罷了。

郭威眼看大家都擁護自己，也就不再謙讓。他領兵回到開封，請李太后「下詔」讓自己「監國」，掌握了所有大權，又把劉贇廢為湘陰公。沒過多久，郭威就當上了皇帝，國號「周」，這就是「後周」。

在這之後，郭威立刻着手減輕百姓的負擔。他從小在艱難的環境中成長，對民間疾苦有親身體會，知道危害最重的要數牛租和營田務。牛租是當年朱溫設置的，他把擄回來的牛借給老百姓使用，然後向百姓一直收租，哪怕牛死了還要繼續收，不少百姓家甚至被收了幾十年的牛租。營田務則是農民耕種田地要交的租稅，也非常沉重。郭威一上台就廢除了這兩項稅賦，讓百姓永久免費使用原來的田地房屋及農具。這樣一來，百姓的負擔大大減輕，生產力就提高了。

郭威還非常提倡節儉，他對大臣們説：「我本來就是苦出身，嚐盡了

人間的疾苦，也經歷了各種災難。如今我當了皇帝，怎麼能養尊處優拖累天下百姓呢？」他不僅專門下令禁止各地進貢奇珍異寶，還讓人把宮裏那些珠寶玉器、金銀裝飾的豪華牀凳、金銀做的飲食用具集中到朝堂上，當着所有人的面統統打碎，還說：「帝王怎麼能用這種東西！」

在郭威的治理下，五代十國的戰亂局面開始得以扭轉，也為後面周世宗柴榮、宋太祖趙匡胤的統一事業打下了堅實的基礎。

滄州鐵獅子

　　這座後周時期鑄造的鐵獅子是我國現存最早的大型鐵鑄件。它高 5.3 米，長 6.3 米，寬 3 米，重約 40 噸。獅子頭頂和脖子上都鑄有「獅子王」三字，肚子內還鑄有隸書的《金剛經》。從獅子背部的蓮花座來看，它很可能是文殊菩薩佛像的底座。如今我們去河北省滄州市，在市區便可以看到這座神態威武的鐵獅子。

當時的世界

　　950 年起，北歐人逐漸改變原有的宗教信仰，皈依基督教。951 年，郭威建立後周。他推行了一系列與民休息的政策。

英年早逝的柴榮

混亂中的開明皇帝

後周太祖郭威建國之後，對後周的政治、經濟、軍事等各方面進行改革，百姓們的生活逐漸好轉起來。然而郭威在位只有三年，很快就病故了。這時他的兩個親生兒子都已去世，只有養子柴榮是唯一的繼承人。於是，柴榮就順理成章地即了位，他就是後周世宗。

柴榮和養父一樣賢能。他家是當地有名的富豪，但柴榮很小的時候家裏就破產了，柴榮去投靠姑姑柴氏、姑父郭威，從此成了郭威的養子。

當時郭威並不富裕，於是柴榮主動外出跟人學習做茶貨生意。這期間他還不斷充實自己，通讀各種史書，練習騎射。郭威非常欣賞柴榮，等他成年後就帶着他從了軍。郭威去世後，三十三歲的柴榮登上了皇位，此時的他年輕氣盛，雄心勃勃。

　　有一天上朝，柴榮問左諫議大夫王朴：「你覺得我能當多少年皇帝？」王朴回答説：「至少三十年！」柴榮聽了非常高興：「要是真像你説的那樣，那我希望用十年來開拓天下，用十年來造福百姓，再用十年來打造太平盛世！」

　　為了實現這個目標，柴榮很快就付諸行動了。他登基的第一年，北漢的軍隊就來進攻。北漢的統治者叫劉崇，是劉知遠的弟弟。為了對抗後周，劉崇也不惜像石敬瑭那樣投靠遼國，拜遼國皇帝為「叔皇帝」，自稱「姪皇帝」。他看周世宗剛即位，認為後周局勢不穩，是自己佔領中原的

好機會，於是勾結遼國，向潞州進攻。

　　這時，柴榮當皇帝還沒滿十天。他得到消息，立即準備親自領兵去抵抗北漢軍。朝中不少大臣都勸他説太危險，他不僅不肯改變主意，還親自上陣指揮。

　　兩軍交戰的時候，劉崇看到對面周軍的兵力比自己少，覺得這一戰必勝，一開戰就下令猛攻。周軍的將士們抵擋不住，不是敗退下來，就是紛紛投降。柴榮眼看情況危急，冒着紛飛的箭雨親自督戰。他手下的兩名大將趙匡胤、張永德也各自帶領一支精鋭部隊殺入敵陣。周軍士兵看到皇帝都這樣勇猛，一下振奮了士氣，爭先恐後地衝向敵陣，北漢軍頓時兵敗如山倒。

　　第二年，柴榮又向西討伐後蜀，收復了秦、鳳、成、階四州。緊接着他三征南唐，打得南唐皇帝李璟去掉帝號，只稱「江南國主」。後來，北漢再次與遼國聯合攻打後周，柴榮帶兵和他們激戰了四十二天，連勝了好幾仗。

　　軍事上不斷勝利的同時，柴榮也不忘治理國家。他大力整頓吏治，嚴懲了一批貪官，嚴格考核官吏，還改革了當時的科舉制度，以便選拔出更多的人才。

　　柴榮也和郭威一樣，非常注重恢復農業生產。因為國家經歷了太多戰亂，導致很多百姓居無定所、四處流亡，根本無地可種。柴榮就下令開墾荒地，把沒有人認領的土地分給這些流亡的百姓，廢除了大部分賦稅。當時黃河的水患非常可怕，經常給沿岸的百姓造成很大傷亡。柴榮發動六萬士兵修築堤壩，並特地設立巡查河壩的官職，嚴格預防黃河水患。他還下令擴建首都開封，使開封成為代替古都長安和洛陽的大城市。

　　此外，當時還有一個特殊現象：假僧人非常多。之前很多統治者都崇尚佛教，修建了很多廟宇，導致和尚越來越多，他們既不從事生產，也不交稅服役。很多人為了逃避賦稅徭役，也躲進寺廟冒充僧人。柴榮規定這些僧人如果不能背誦規定篇數的經文，就要還俗。這樣一來，那些假僧人只得重新開始交稅服役。柴榮的這項政策既增加了勞動力，也扭轉了社會風氣。他還派人熔掉很多銅鑄的佛像，改鑄為銅幣，用來流通。

就這樣，柴榮在自己畫下的藍圖上一筆筆地塗上顏色，他還打算一鼓作氣收復燕雲十六州。不幸的是，偏偏在這個時候，他忽然身染重病，很快就去世了。這時候柴榮才三十九歲，在位只有六年。後世很多人不禁設想，如果他能活得更久些，能不能像自己說的那樣，重新開創一個太平盛世？

儘管英年早逝，柴榮仍然被譽為「五代第一明君」，他也為後來趙匡胤建立北宋，終結五代十國的亂世打下了基礎。

知識
加油站 科學

柴窯

柴窯是五代時期後周的御窯，位於河南鄭州。柴窯燒製出來的瓷器「青如天，明如鏡，薄如紙，聲如磬」，外形細膩精巧，格調高雅，技壓當時各窯，因此專為宮廷燒製御用器物。宋朝建立後，宋太祖以宮廷器物太過奢華為由，關閉了柴窯，遣散了匠人。這些匠人身懷燒瓷技藝，後來又建起了其他有名的瓷窯。

當時的世界

954 年，後周世宗柴榮即位。他在位期間，中原地區經濟開始復蘇，為北宋的建立營造了一個平穩的環境。955 年，東法蘭克王國國王鄂圖一世在萊西河畔的奧格斯堡附近擊敗了入侵的馬扎爾人，捍衛了東法蘭克王國。

唐代的科技
知識的傳播更容易了

　　大家都知道，唐朝是中國歷史上公認的最強盛的朝代之一，不光體現在政治、經濟、軍事、文化方面，也體現在科學技術上。中國古代的四大發明——指南針、造紙術、火藥、印刷術當中，印刷術就是在唐代出現的。

　　印刷術之所以在唐代出現，與當時的文化需求有關。當時統治者都信奉佛教，所以佛教非常盛行，需要的經書也就多了起來。但每一部佛經都只能靠僧人一個字一個字手抄，非常費時。大家想像一下，如果老師留作業，讓你們把整本語文書抄一遍，你們是不是都得叫苦連天了？所以不難想像僧人們的辛苦。

　　更重要的是，抄寫過程中還有可能出現錯漏的地方。抄書的人不小心抄錯一個字，其他人也會跟着錯，這也給讀者理解文章的意思造成了障礙。

　　雕版印刷術就是在這種情況下應運而生的。所謂的雕版，就是用來印刷的模板。它是一整塊木板，這塊木板很有講究，必須先風乾，不能帶一點水分，表面也必須特別平滑，這樣才能保證雕刻的質素。

　　緊接着，需要把準備印刷的文章貼在這塊木板上，但必須反着貼，然後要像臨摹字帖一樣在木板上雕刻，還要讓字體凸出，這叫「陽文」。這樣印刷出來，紙張上的文字才是正常方向的。

　　這個環節非常考驗功力。大家可以想像一下其中的難度，要是讓你每天握着小刀，對着硬邦邦的木頭一個字一個字地刻，這得多累？萬一刻錯

一個字就更麻煩了，整塊木板都沒法用了，只能換塊木板重新刻。

　　好在雕版刻好之後，最難的環節就結束了。接下來，工匠們只要給雕版塗好墨、鋪上紙，再用棕刷壓一壓、掃一掃，就像我們現在蓋章一樣，白紙上就浮現出印好的字了，是不是很神奇？

　　印刷術的出現，大大便利了知識的傳播。從此以後，佛經、科考要用的卷子、皇曆這些需求量大的物品，不僅可以大量印刷，還可以避免抄寫中的錯漏。因此，雕版印刷大大地提高了書籍的準確性以及文化的傳播速度。

　　除了印刷術，唐代在天文、曆法上也有很大成就。唐代最有名的天文學家是一位和尚，法號叫「一行」。他從小就刻苦學習，年紀輕輕已經非

常有學問了。有一次，一行和尚從大學者尹崇那裏借來了西漢文學家揚雄的哲學著作《太玄經》，沒看幾天就把書還給了尹崇。尹崇以為一行和尚沒仔細讀，一行和尚卻說：「我已經明白它的意思了。」然後拿出自己的文章《義決》和繪製的《大衍玄圖》給尹崇看，尹崇既驚訝又佩服。

當時大家使用的是「麟德曆」。這種曆法已經用了五十多年，出現了不少偏差。唐玄宗因此讓一行和尚主持編製新的曆法。這需要觀測「黃道」，也就是從地球上看太陽，觀察太陽一年中在宇宙空間的運行軌道。一行和尚於是和另一位天文學家梁令瓚（zàn，粵音讚）共同製造了「黃道儀」。

利用黃道儀，一行發現恆星的位置和以前測出的位置有很大不同，還第一次發現了恆星移動的現象，大大推動了人類對恆星的觀測和研究。後來一行還主持在全國十三個地點測量北極的高度，以及冬至、夏至、春分、秋分中午時日影的長度，並從中測量出子午線每一度的長度。這是世界上第一次測量子午線的記錄。

利用這些天文數據，一行編製成了新曆法《大衍曆》，它對太陽、月亮每天的位置，每天能看到的星象都作了說明。這部《大衍曆》也成了後代修訂曆法的依據。

孫思邈（miǎo，粵音幕）則在醫學方面取得了很大成就。他小時候體弱多病，父母經常帶他去看醫生，看得多了，他自己也學了起來。他總結了唐以前的臨牀經驗和醫學理論，還對預防、養生、針灸、藥物學以及臨牀各科疾病診療等領域有很大貢獻。

大家都知道中醫的針灸療法。孫思邈就非常善於針灸。據說有一次，一位病人得了疑難病症，孫思邈給他扎了好幾個穴位，病人還是說痛。孫思邈一邊用手在病人身上輕輕地按捏，一邊問疼不疼。後來他按到一個部位，病人忽然大叫：「啊……是，就是這裏！」孫思邈在那個部位扎了一針，病人很快就不痛了。

這個穴位在醫書上沒有記載，孫思邈就根據病人說的「啊……是」，把它定名為「阿是穴」。後來，人們就把隨着疼痛點而確定的穴位都叫作阿是穴。

據說，導尿術也是孫思邈發明的。有一次他遇到一位病人排不出尿，膀胱都快要脹破了，非常痛苦。孫思邈認為，如果能把一根管子插進尿道，就可以把尿引出來，可他一時找不到軟硬合適的管子。正巧他看到鄰居的小孩在拿一根蔥吹着玩，於是選了一根又細又堅挺的蔥，洗乾淨後去掉蔥尖，小心地插進病人的尿道裏，再對着蔥管用力吸了口氣。過了一會，尿液果然緩緩流了出來，病人的小肚子也慢慢地扁了下去，病人終於得救了。

孫思邈一面給病人治病，一面搜集民間的藥方，再根據自己的行醫經驗鑒別和修改，最後編成了兩部醫書《備急千金要方》、《千金翼方》，據說足有六千五百多個藥方。後來，人們尊稱孫思邈為「藥王」。

目前發現最早的印刷品

上面講到雕版印刷術的出現與佛經有很大的關係。目前發現最早的雕版印刷品，正好印證了這一點。這件印刷品是唐懿宗咸通九年（868 年）印製的一部《金剛經》。它長 16 米，刻畫精美，墨色均勻，印刷清晰，在最前面還有一幅精美細緻的圖畫。從這件印刷品可以看到，當時的雕版印刷水平已經非常成熟了。這件印刷品如今保存在英國倫敦大英圖書館。

當時的世界

824 年，元稹為白居易詩集作序，提到了雕版印刷，反映出這種印刷術已經由起初印刷佛經轉而大量印刷詩集。在同一時期，白居易的詩通過中日兩國的文化交往傳到日本，深受嵯峨天皇喜愛，從而在貴族階層興起了創作漢詩的風潮，促進漢文化在日本的傳播。

責任編輯　楊紫東　潘沛雯

裝幀設計　鄧佩儀

排　　版　陳美連

印　　務　劉漢舉

穿越中國五千年❻：隋唐五代

歪歪兔童書館 ◎ 著繪

出版｜中華教育

香港北角英皇道 499 號北角工業大廈 1 樓 B 室

電話：(852) 2137 2338　傳真：(852) 2713 8202

電子郵件：info@chunghwabook.com.hk

網址：http://www.chunghwabook.com.hk

發行｜香港聯合書刊物流有限公司

香港新界荃灣德士古道 220-248 號荃灣工業中心 16 樓

電話：(852) 2150 2100　傳真：(852)2407 3062

電子郵件：info@suplogistics.com.hk

印刷｜泰業印刷有限公司

香港新界大埔工業邨大貴街 11 至 13 號

版次｜2024 年 3 月第 1 版第 1 次印刷

©2024 中華教育

規格｜16 開（230mm x 170mm）

ISBN｜978-988-8861-35-4